イザナミの王国 熊野

有馬から熊野三山へ

桐村英一郎……著
塚原 紘……写真

方丈堂出版／オクターブ

口絵 1　木造 熊野速玉大神坐像
（和歌山・熊野速玉大社蔵）
〈本文Ⅳ－7 激しい昇格レース、参照〉

口絵 2　木造 夫須美大神坐像
（和歌山・熊野速玉大社蔵）
〈同、参照〉

口絵 3　木造 国常立命坐像
（和歌山・熊野速玉大社蔵）
〈同、参照〉

口絵 4　木造 女神坐像
（和歌山・熊野那智大社蔵）
〈本文Ⅵ－2 女神を受容する土壌、参照〉

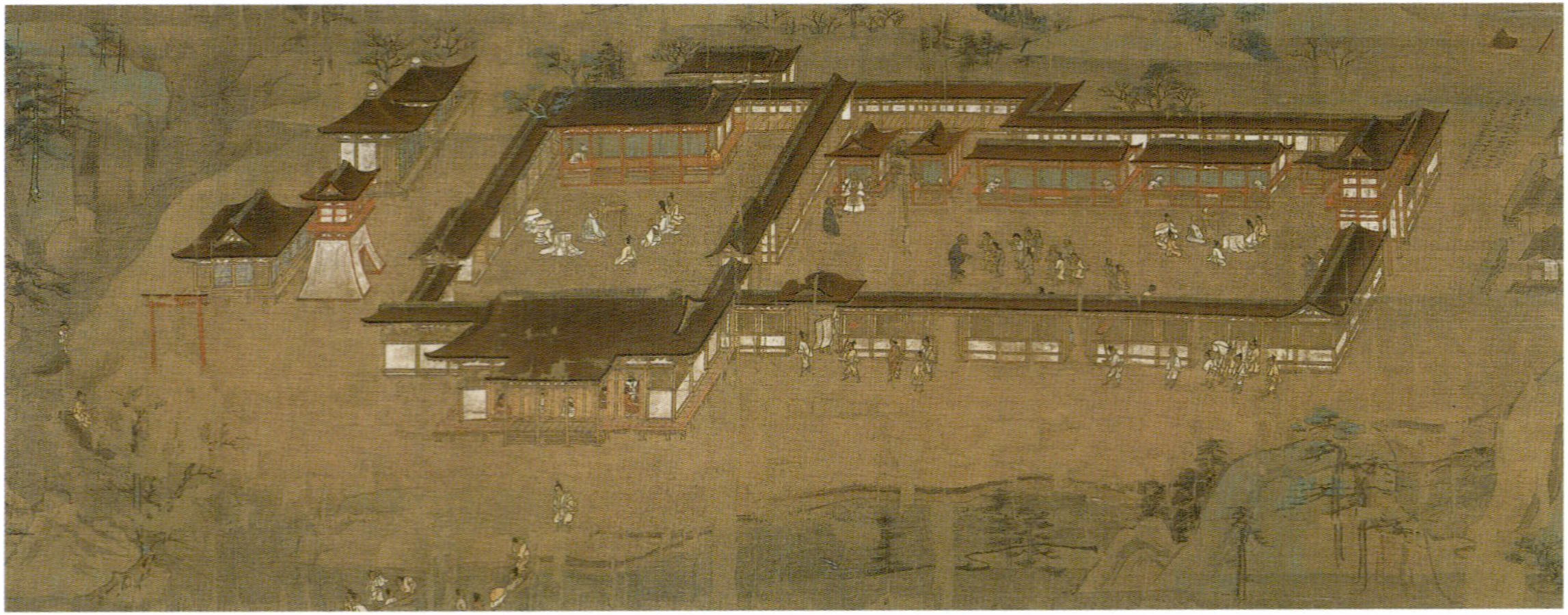

口絵５　「一遍聖絵」第３巻第１段　熊野参詣の場面（部分、神奈川・清浄光寺〈遊行寺〉蔵）〈本文Ｖ－２社殿の変遷は語る、参照〉

口絵６　「本宮本社末社図」（部分、和歌山・熊野本宮大社蔵）〈本文Ⅴ－２社殿の変遷は語る、Ⅶ－３産田社を尊ぶ本宮、参照〉

口絵7　「那智瀧図」（東京・根津美術館蔵）〈本文Ⅵ-3 那智に移った中心軸、参照〉

イザナミの王国　熊野——有馬から熊野三山へ＊目次

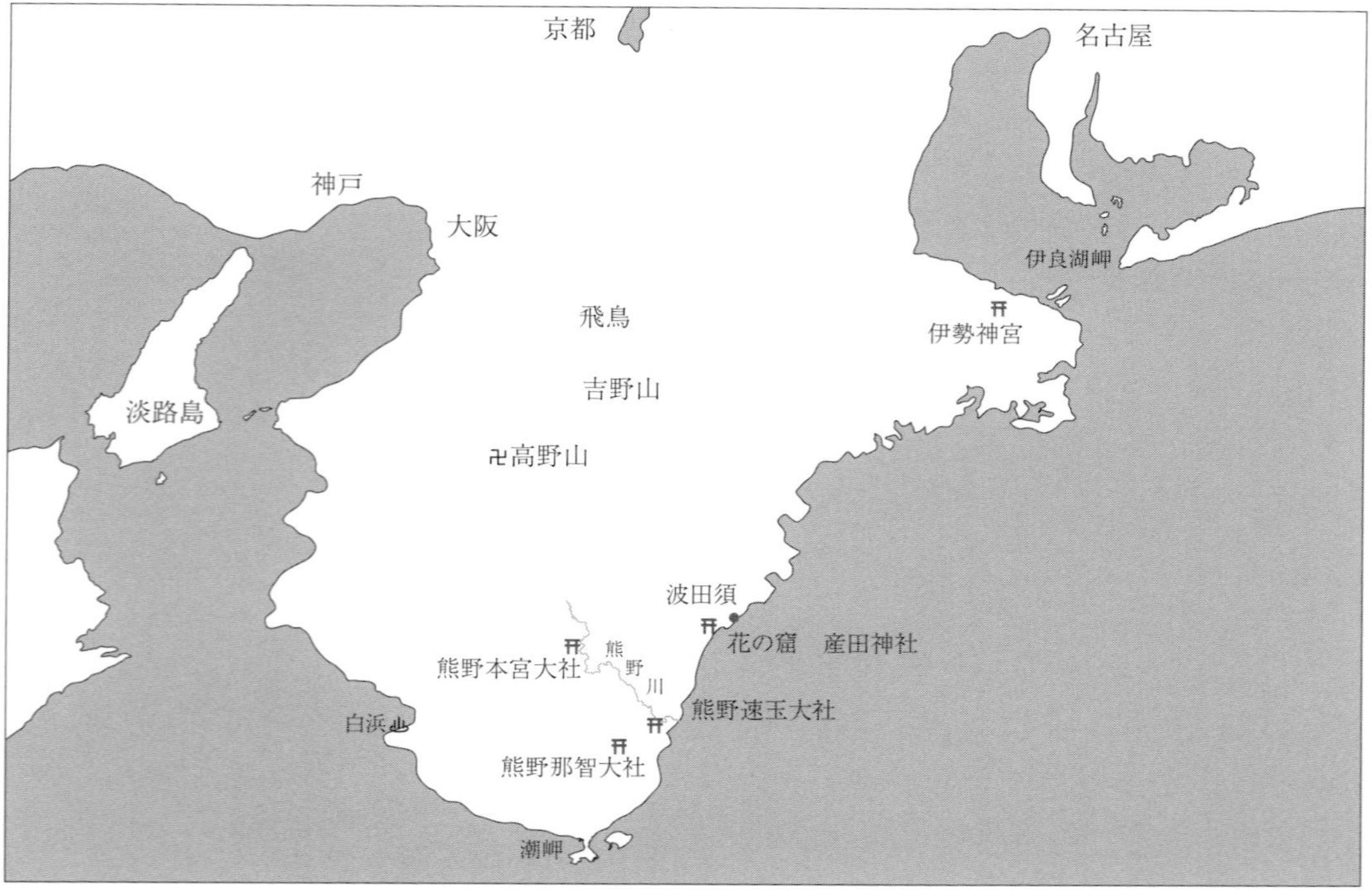
京都
名古屋
神戸
大阪
淡路島
飛鳥
吉野山
卍高野山
伊良湖岬
伊勢神宮
波田須
花の窟
産田神社
熊野本宮大社
熊野川
熊野速玉大社
白浜
熊野那智大社
潮岬

イザナミの王国　熊野

——有馬から熊野三山へ

I　南海

1　プロローグ――常世への憧れ

私は二〇〇七年から翌年にかけて、熊野にたびたび通った。二〇〇八年三月末から一年余、朝日新聞大阪本社管内の夕刊に連載した「海《あま》から天《あま》へ　熊野・大和幻視行」の取材のためである。

連載終了後、それは『ヤマト王権幻視行――熊野・大和・伊勢』（方丈堂出版、二〇一〇年）という題で出版された。その「あとがき」で、私は次のように書いた。

熊野を感じた最初は、（奈良県）桜井市の三輪山をご神体とする大神《おおみわ》神社の繞道祭《にょうどうさい》だった。元旦に催される火の祭典だ。黒々とした木々を大松明《たいまつ》が照らし出すさまは、私の中の「縄文の血」を刺激したように思えた。

仏教が伝来する以前、さらにいえば古墳時代より古い様相を実感したい。そんな思

徐福伝説の地、波田須。熊野灘に朝日が昇る

いが私を熊野に導いた。足しげく紀伊半島に通った。まるで母親の胎内に戻るかのように、熊野は私をやさしく包んでくれた。

熊野通いは、解剖学者、発生学者、そして思想家の三木成夫のいう「生命的な里帰り」だったのかもしれない。彼は「生命的な里帰り」を「おのれの生まれ落ちたその土地を足の裏で確かめようとする、生命に根ざした本能的な行為」(『胎児の世界』中公新書、一九八三年)とよんでいる。

二〇一〇年秋、私はそれまで六年間住んだ奈良県明日香村から三重県熊野市波田《はだ》須町《すちょう》に転居した。波田須は、秦の始皇帝の時代に不老不死の仙薬を求めて徐福《じょふく》が上陸したといわれてきたところである。近くには鬼ケ城《おにがじょう》、花の窟《いわや》、産田《うぶた》神社など、伝説・伝承に彩られた旧跡や社寺も多い。

そこに暮らして、「あとがき」に記した直感が間違っていないことを実感した。熊野には、何か自分の体の奥からそれが湧き上がってくるような「懐かしさ」が漂っているのである。

それは、私が好きな歌「椰子《やし》の実」を聴いたときに感じる懐かしさに通じる。

名も知らぬ遠き島より
流れ寄る椰子の実一つ
故郷《ふるさと》の岸を離れて
汝《なれ》はそも波に幾月

この詩の作者は島崎藤村だ。明治三十一年（一八九八）夏、東京帝大の二年生だった柳田國男が愛知県伊良湖岬付近の浜辺で黒潮に乗って南の島から流れ着いたヤシの実を見つける。遥かな波路を越えてたどりついた、まだ新しいその姿に感慨を覚えた柳田は友人の藤村に話した。柳田の晩年の名作『海上の道』（岩波文庫、一九七八年）に出てくるエピソードである。

藤村の詩に、昭和に入ってから作曲家の大中寅二が曲を付けたのが「椰子の実」の歌だ。『海上の道』には明治三十年とあるが、これは柳田の記憶違いで、一年あとの出来事だったようだ。

私の家の窓からは熊野灘が見える。水平線に大型船が行き来しているあたりが黒潮だろうか。この国の古代の民はその海の彼方に死と再生、豊饒《ほうじょう》の異界である「常世《とこよ》」や「妣《はは》の国」があると信じた。柳田が流れ着いたヤシの実に心うたれ、私が熊野に惹《ひ》かれたのは、「常世」や「妣の国」への憧れかもしれない。

それはまた、地母神イザナミノミコトへの思慕ではなかろうか。

毎年二月二日と十月二日に熊野市有馬町の海辺にある花の窟で行われる「お綱掛け神事」を何度か見るうちに、そんな気がしてきた。「母胎のなかに戻ったような懐かしさ、安心感は、これだったのか」。私はそう思った。

イザナミはイザナキと一緒に島々を生んだ後に、火の神カグツチを産む。そのとき「ほと（陰部）」を焼いて死ぬ。『日本書紀』（岩波文庫）の一書《あるふみ》は、イザナミの死後をこう語る。

紀伊国《きのくに》の熊野の有馬村《ありまのむら》に葬《はぶ》りまつる。土俗《くにひと》、此《こ》の神の魂《みたま》を祭るには、花の時には亦《また》花を以《も》て祭る。又鼓《つづみ》吹《ふえ》幡《は》旗《た》を用《も》て、歌ひ舞ひて祭る。

『日本書紀』は養老四年（七二〇）に出来上がった。有馬はこの国でも最も古い地名のひとつなのだ。土地の人びとは、季節の花を飾り、音曲と舞いでにぎにぎしく魂鎮《たましず》めをしたのだろうか。「お綱掛け神事」は『日本書紀』の記述を再現し、現代人をいっとき古代にいざなう儀式である。

お綱の片端は、人面にも見える奇怪な巨岩の上の木にくくりつけられる。巨岩は縄文、弥生の昔からここに漂着し定着した人びとの信仰の対象だったろう。その聖なる岩の上から下げられた長いお綱を、氏子や観光客たちが海岸（七里御浜《しちりみはま》）まで引っ張ってから柱に固定する。

お綱には、小縄《なわ》を幡《はた》の形につくった「縄の幡」が三本下げられる。これらはイザナキとイザナミの子どもたち、すなわちアマテラス、ツクヨミ、スサノヲの三貴子を意味しているという。

巨岩の下のくぼみは「ほと穴」と呼ばれ、そこがイザナミの墓所だと伝えられてきた。向かいには、愛妻を殺され逆上したイザナキに斬り殺されたカグツチの墓所がある。

花の窟から西方にしばらく歩くと産田神社が鎮座する。イザナミがカグツチを産んだところだという。花の窟や産田神社については、そこが有馬に始まる今回の「古代への旅」の重要なスポットだから、後でゆっくりと語りたい。

2　影が薄いイザナキ

花の窟と「お綱掛け神事」で不思議なのは、イザナミ一家が登場するのに、夫であり父であるイザナキがそこにいないことである。氏子に「父親がいませんね」と水を向けても、「淡路島に祀《まつ》られているんじゃないの」と素っ気ない。

産田神社にしてもそうである。祭神はイザナキ、イザナミ、カグツチの三神だが、江戸時代、天保年間に完成した紀州藩の地誌『紀伊続風土記《きいしょくふどき》』には次のような興味深い一節がある。今の言葉に直して紹介しよう。産田神社は産土《うぶすな》神社と記されている。

産土神社は口《くち》有馬、奥有馬、山崎三カ村の産土神である。土地の人が言うには、この地でカグツチ神をお産みになったから産田と名付けられた。それを標するために、ここに社を建て両神を祀ったのだろう。イザナキノミコトはイザナミノミコトの夫神だから後にならべて祀ったものだ。

当初はイザナキ抜きのお宮だったというのだ。イザナキを加えたのは、夫婦ペアにしないと落ち着きが悪いからだろうか。

熊野ではイザナミが幅をきかし、イザナキの影が薄い。

そんな私の印象を裏付けてくれたのは、二〇〇九年に出版された『熊野 神と仏』（原書房）だった。

田中利典（金峯山寺執行長）、九鬼家隆（熊野本宮大社宮司）、植島啓司（宗教人類学者）三氏の鼎談《ていだん》というユニークな本である。三人の話から浮かび上がる熊野像は、「イザナミの王国」であり「女性原理が支配する国」だ。

熊野三山のひとつ、熊野本宮大社の主神は正面の證誠殿《しょうじょうでん》に祀られている家津御子大神《けつみこ》である。この神はスサノヲでもあるという。だが、九鬼宮司はこの本で「熊野全体を司る神はイザナミではないか」という考えを明らかにする。「主神はそう（家津御子大神）なんですけれど、私なりの理屈でなく、感じる部分があります」と述べる宮司は、イザナミが「本来の熊野の、根底にある」神格と考えている。

修験道に詳しい田中氏は、吉野と熊野を結ぶ大峯奥駈《おくがけ》道に「両峯分け《りょうぶ》」（両部分け）という拝所があることを紹介した。孔雀岳と釈迦ヶ岳の間にある「両峯分け」から北の吉野側を金剛界、南の熊野側を胎蔵界とみなす。

密教が説く二つの世界のうち、胎蔵界は「大日如来を慈悲または理（真理）の方面から説いた部門。胎蔵は母胎の意で、一切を含有することにたとえる」（広辞苑）というから、密教でも熊野は母性原理の働く地と考えられているようだ。一方、金剛界は「大日如来を智慧《ちえ》の方面から明らかにした部門」（同）で父なる智慧の象徴だ。

田中氏は「あの大自然で修験者が観想したのは、北側が男性的なもので、南側は女性的なもの。実際に歩くと、南奥駈道はずいぶん山の景色が北と変わっていて低くなりますし、なだらかになる。そういうものの最終地が熊野本宮大社なんですが、女性性の象徴というとらえかたは修験者もある種持っていたのかもしれませんね」と語っている。

神道と仏教を代表する二人の話を聞いた植島氏は、「熊野でのお参りの基本は『籠り《インキュベーション》』にある。そうした修行を支えるのは大地に根差した女性神格であることが多い」「大地の豊饒をつかさどり、生命力を吹き込み、すべてを包摂する大いなる慈愛の象徴たるイザナミこそがこの地（本宮）における支配的な力の源泉であったにちがいない」とコメントしている。

もっとも、イザナミが熊野を代表する神格であることは、これまでも指摘されてきたことだ。ともかく『日本書紀』が「有馬村に葬った」と記しているのだから、当然かもしれない。

平安時代に「伊勢と熊野の神は同体か、非同体か」という論争があった。「同体説」の根拠は、伊勢神宮に祀られている皇祖神アマテラスの母神イザナミが熊野に葬られているという正史の記述だった。イザナミは伊勢にも熊野にも祀られている。だから熊野と伊勢は同体だ、という少々乱暴な主張である。『長寛勘文《ちょうかんかんもん》』という文書に出てくるこの論争のなかには、「熊野権現御垂跡縁起《ごすいじゃくえんぎ》」という重要史料が入っている。

『熊野市史』（一九八三年）の執筆者の一人、嶋正央氏はその上巻で、花の窟を「偉大な地母神像」としたうえ、「日本書紀にいうイザナミとは、熊野土着の神霊を、皇祖神として昇華させたもの」と書いている。鋭い指摘だ。

ただ、古代の熊野の信仰や神格が『記・紀』の編纂過程で取り入れられ、皇祖神アマテラスの母神とされたわけではない。古代の熊野は、大和の朝廷からは実態的にも意識の上でも遠い地だった。『記・紀』がつくられた当時、熊野から朝廷に伝わったのは「有馬村」で行われていた風変わりな祭りの様子などわずかな情報に限られていたのではあるまいか。イザナミ・カグツチ神話は、他の『記・紀』神話とともに後に大和から熊野に入ってきたと思われる。

しかし、何の物語も伝承もないところに「中央製」の神話が入り込んできたのだとしたら、イザナミは熊野にこんなに溶け込み、定着するはずはない。『熊野市史』がいうような土着の神霊・神格があり、それがイザナミやカグツチの神話との親和性・親近性が高かったからこそ、熊野が「イザナミの王国」のような様相を呈するようになったのではないか。

いわば「熊野型イザナミ・カグツチ神話」とでもいうべき伝承が熊野にあったと考えるべきではなかろうか。

3　女神の死が豊穣を生む

私は、『古事記』『日本書紀』に描かれたイザナミやカグツチの神話と形は異なるが親和性・親近性の高い神話が熊野の地にあった、という考えを述べ、それを「熊野型イザナミ・カグツチ神話」と呼んだ。

それはどんな神話で、どこからやってきたか。その神話がどんなふうに形を変えて根付き、広がり、その後の熊野の信仰に影響を与えていったか。これから、いくつかの仮説をつなげて論じてみたい。

本論に入ると、行ったり来たり周りを眺めたりしてわかりづらくなるかもしれないので、最初に私の仮説の骨子を語っておこう。

「熊野型イザナミ・カグツチ神話」は「女神（地母神）が死んで、そこから作物（豊穣《ほうじょう》）がもたらされた」という物語であった。それは、柳田國男が伊良湖岬付近の浜辺で見つけたヤシの実のように、南海の島から黒潮に乗って熊野にたどり着いた。

参拝者でにぎわう花の窟の「お綱掛け神事」

もともとはイモ類の誕生伝承だったのだが、弥生時代中期以降、稲作の発達とともに稲作に関わる祭祀としてこの地に根付いていった。花の窟や産田神社のある有馬あたりは熊野でも早くから稲作が取り入れられたところである。その祭りは、「お綱掛け神事」の原型ともいえるような花や音曲を伴うにぎやかなものだったと推測される。

八世紀初頭、ヤマト王権の内部で『記・紀』の編纂《へんさん》作業が進められていたころ、だれかが有馬の変わった祭りの様子を中央に伝えた。それが、イザナミ神話と結び付けられ、有馬の地名とともに『日本書紀』の一書《あるふみ》に記された。

一方、南方からやってきた神話は「結早《むすびはや》

玉《たま》（結玉）」という熊野の神格に変容し、熊野川の河口やその上流地域まで伝えられた。そしてそれが「フスミ（夫須美）大神」「ハヤタマ（速玉）大神」として、熊野三山の神々になった。

と、そのような物語を展開してみたい。

熊野本宮大社、熊野速玉大社、熊野那智大社を合わせて熊野三山と呼ぶ。もともと別々の信仰の地として発祥し、十一世紀ごろ共通の神を有するなど、連携・体系化したといわれる。

私が注目するのは、三山それぞれの歴史、伝承、祭礼、年中行事などに有馬（花の窟、産田神社）がいろいろな形で顔をのぞかせることである。たとえば本宮大社には「（第十代）崇神《すじん》天皇の時代に有馬からイザナミノミコトの神霊をお迎えした」という伝承がある。本宮と那智大社の祭礼では、有馬や花の窟の歌に合わせた舞いが奉納される。また、那智大社蔵の「熊野三山図」（江戸時代）の速玉大社部分の絵図に「産田遥拝所」が描かれている、といった具合だ。これらは、有馬と熊野三山との深い結び付きを示唆しているように思えてならない。

まず、イザナミについての素朴な疑問から始めたい。

日本神話でなじみの神々は、舞台から退場するとき、おおむね静かに姿を隠す。イザナミの夫イザナキもそうだった。イザナキは「神の仕事をすべて終え」淡路島に幽宮《かくれみや》をつくって身を隠した。

高天原で乱暴を働いたスサノヲは出雲でヤマタノオロチを退治するなど人助けをしたあと、根の国に向かった。オオクニヌシノミコトは根の国でスサノヲが与えた試練を乗り越え、スセリビメを得る。そのオオクニヌシも自国の出雲を天《あま》つ神の御子（ヤマト王権の祖先）に譲り渡し、立派な神殿をつくることを条件に幽界に隠れ退いた。

その中でイザナミは例外である。『古事記』は「火の神を生みしによりて、遂《つひ》に神避《かむさ》りましき」、『日本書紀』も「軻遇突智《かぐつち》が為に、焦《や》かれて終《かむさ》りましぬ」（一書第二）と、ともに「亡くなった」と明言する。その後、イザナキが黄泉《よみ》の国で変わり果てた妻の亡骸《なきがら》と対面し、ほうほうの体で逃げ帰る場面は『古事記』のハイライトのひとつだ。

『古事記』によれば、アマテラスは黄泉の国から逃げ帰ったイザナキが禊《みそぎ》をして左目を洗ったときに生まれた。『日本書紀』ではオノゴロ島での国生みに続いて、夫婦でつくった子どもである（『書紀』本文では日の神を「オオヒルメノムチ」と記し、一書でそれがアマテラスだとしている）。天皇家の祖先神のお母さんが人間のように死んだり、死体にウジや雷がたかるというみじめな姿をあらわにしたりする。私にはそれが何とも不思議だった。

どうやらイザナミは他の天つ神々とは、その出自が違うようである。そして、話のミソは「火の神を産んで母神が死ぬ」というところではなかろうか。

愛する妻を殺されてカッとなったイザナキは息子カグツチを斬り殺す。飛び散った血から多くの神々が誕生した。『日本書紀』の一書によると、カグツチは母がその死の直前に産んだ土の神ハニヤマビメを娶《めと》って、ワクムスヒが生まれた。その神から蚕と桑、そして五穀が生まれたという。

まさに「女神が死んで、そこから作物がもたらされた」ストーリーではないか。地母神は自らの命を賭して新たな生命を産み出す。だからイザナミは他の神々のように静かに隠れるのではなく、死ななければならなかったのだ。

皇祖神アマテラスの母親に地母神を選んでしまったのは『日本書紀』の手抜かりだったのだろうか。黄泉の国から逃げ帰ったイザナキの禊からアマテラスが生まれたとする『古事記』は、より慎重だったのかもしれない。

4　ハイヌウェレ神話

「女神（地母神）が死んで、そこから作物（豊穣）がもたらされた」という「熊野型イザナミ・カグツチ神話」は南方からやってきた、と述べた。どこからだろうか。

私は、インドネシアではないかと思う。民族学者である大林太良氏の『神話の話』（講談社学術文庫、一九七九年）や、比較神話学者である吉田敦彦氏の『日本神話の源流』（講談社学術文庫、二〇〇七年）、『小さ子とハイヌウェレ』（みすず書房、一九七六年）などの著作に出会って、そう考えるようになった。

ハイヌウェレは「ヤシの枝」という意味の女の子の名前である。彼女を主人公にする話は、インドネシア・セラム島のウェマーレ族の間に伝わっていた。一九三七、一九三八年に現地調査をしたドイツの民族学者イエンゼンによって収集され、「ハイヌウェレ型神話」と名付けられた。ここでは『日本神話の源流』から、その内容を紹介したい。

バナナの実から生まれた最初の人間の一人アメタという男性が狩に出て見つけたヤシの実を家に持ち帰った。その晩、夢に現れた男がその実を土に埋めろと命じる。言われた通りにすると高い樹になり、花が咲いた。花から酒をつくろうとよじ登ったアメタはけがをしてその血が花の上に滴《したた》った。三日後、血と果汁が混ざり合ったところから人間が生まれかけ、九日後に女の子になった。アメタは彼女にハイヌウェレという名を付けて育てた。

ハイヌウェレはウェマーレ族の貴重品である陶器や鐘などの財宝を排せつしたので、アメタは金持ちになった。

九日間、男たちが夜を徹して踊るマロ舞踊の晩のことである。女たちは男たちの踊りの輪の真ん中に座って、男たちが踊りながら噛《か》むビンロウ樹の実とシリーの葉とを手渡した。ハイヌウェレは最初の晩は女たちと同じことをしたが、二日目からは自分の体から出したサンゴを男たちに与えた。毎晩、より高価な品々を配るハイヌウェレに人びとは気味が悪くも、妬ましくもなり、彼女を殺そうということになった。

マロの最後の晩、ハイヌウェレは踊りの輪の真ん中に掘られた穴に突き落とされる。人びとは生き埋めにした場所の上で踊って土を踏み固め、夜明けにそれぞれの家に戻った。

ハイヌウェレが朝になっても帰宅しないので心配したアメタは、占いで彼女が殺されたことを知る。そしてヤシの葉脈で広場のあちこちの地面を刺し、死体を発見する。アメタはそれを掘り起こし、たくさんの断片に切り刻んだうえ、広場の周囲に埋めた。

すると、埋められた死体の各部分からいろいろな種類のヤム芋が生じ、それらが以後ウェマーレ族の主食になった。

大林、吉田氏ともハイヌウェレ神話と、日本神話の中のオオゲツヒメやウケモチの物語との類似性に注目する。

『古事記』によると、高天原を追われたスサノヲはオオゲツヒメ（大気津比売）に食べ物を求める。ヒメが鼻や口、尻から食べ物を出すのを見たスサノヲは、「汚い」と怒ってヒメを殺してしまう。その遺体の頭から蚕《かいこ》、目から稲、耳から粟《あわ》、鼻から小豆、陰部から麦、尻から大豆が生じた。そんな五穀起源神話である。

一方、ウケモチは『日本書紀』の神代紀の一書が伝える話だ。

ツクヨミノミコト（月読見尊）は、姉アマテラスに言われて葦原中国《あしはらのなかつくに》に住んでいるウケモチ神（保食神）に会いに行った。ウケモチが口からコメや魚、獣などを出してもてなしたのに腹を立てたツクヨミは、「けがらわしいやつだ。口から吐き出したものを私に食べさせようとするのか」と、ウケモチを斬り殺した。高天原に帰ったツクヨミから話を聞いたアマテラスは、「おまえなんかに、もう会いたくない」とかんかんに怒った。

その後、アマテラスの命を受けたアマノクマヒトが地上に行ってみると、ウケモチ神は死んでおり、その頭から牛馬が、額の上に粟が、眉《まゆ》の上に蚕が、目の中に稗《ひえ》が、腹の中に稲が、陰部に麦、大豆、小豆が生じていた。それらをアマテラスに献上すると、アマテラスはたいそう喜び、粟・稗・麦・豆を畑の種とし、稲を水田の種とした。また口の中に蚕を含んで糸を引いた。それが養蚕の始まりである。

アマテラスは太陽、ツクヨミは月だ。これは、太陽と月が別れ別れになった由来譚《ゆらいたん》でもある。

インドネシアと日本のふたつの神話は、「神（不思議な女性）が体内から品物を出し供応する」「それが原因で殺される」「死体から食物が生じる」というストーリーがよく似ているではないか。

吉田氏によれば、イエンゼンがウェマーレ族の調査で収集した「ハイヌウェレ型神話」には次のような話もある。

祖母が孫の少年と暮らしていた。彼女はいつも少年が留守の間に作った粥を彼に食べさせていた。ある日、少年は出かけるふりをして祖母の様子をのぞき見すると、彼女は自分の体からそぎ落とした垢《あか》を材料にして粥をつくっていた。食事のときに「もう食べたくない。見てしまったから」といった少年に、祖母は「家から出てお行き。三日たったら帰ってきて、家の下を見てごらん」と語った。三日後に帰ると、いわれた場所で祖母が死んでおり、その頭、陰部、胴体からそれぞれ違った種類のヤシが生えていた。そして、そばに農具があった。

私は、こうしたハイヌウェレ型神話が「熊野型イザナミ・カグツチ神話」の原型ではないかと考えている。「神が死んで、その体からさまざまな食物が生じた」という伝承が大昔、黒潮に乗って南方からはるばる熊野に運ばれてきたのだ。柳田國男が見つけたヤシの実のように。

インドネシアを中心とする南洋と日本神話との関わりは深い。イザナキ・イザナミの国生み神話や、山幸彦（ホヲリ）・海幸彦（ホデリ）の物語などは南洋の諸島に類似の話が数多くあり、南方系神話とされている。

兄から借りた釣り針を探して海中の海神《わたつみ》の宮に行った山幸彦は、海神の娘トヨタマビメと結ばれる。鯛のノドに刺さった針を返してもらった山幸彦は陸に戻り、兄を懲らしめる。山幸彦の子を宿したトヨタマビメは海辺の産屋《うぶや》でお産をする。山幸彦がのぞくと大きなワニがのたうちまわっていた。ヒメは見られたことを恥じて海中に去る。そのときに生まれたウガヤフキアエズが、トヨタマビメの妹のタマヨリビメを娶《めと》って生まれたのが神《かむ》日本磐余彦《やまといわれびこ》（神武天皇）である。

この『古事記』の話は明らかに南方系の神話だ。それがヤマト王権の系譜と直結していることは、王権の創始者たちと南方世界のつながりの深さを物語る。

5　イモから五穀の神話へ

ハイヌウェレの話に戻ろう。

このインドネシア神話と、オオゲツヒメやウケモチ神話、さらにカグツチと土の神との子から五穀が生まれた、といった日本神話との間には共通点がある半面、相違点もある。

それは、ハイヌウェレがイモ類の起源神話なのに対して、日本神話のほうは多様な作物、とりわけコメが中心となっていることだ。農業の形態からいえば、前者は焼畑耕作を反映し、後者は稲作を背景にしているといってもよかろう。この違いはどう説明したらよいか。

日本列島にはイモやアワ、ヒエなど焼畑を主体とした農耕と稲作農耕が相前後してもたらされた。その歴史の流れのなかでイモの起源神話であるハイヌウェレ型神話が進化し、そこにイネなど他の作物が加わって五穀神話に成長した。そう考えてはどうだろうか。

民族学者の佐々木高明氏はその著書『南からの日本文化　新・海上の道』（日本放送協会、二〇〇三年）で、次のように述べている。

南西諸島を経由してオーストロネシア型の稲作が北上し、それに伴いあるいはそれに先行して熱帯系のイモとアワなどを主作物とする農耕が同じ道を北上したという仮説は動かし難いものと考えられる。

南西諸島は台湾と九州の間の島々。オーストロネシアとは台湾から東南アジア島嶼《とうしょ》部、太平洋の島々、さらにマダガスカルに広がる地域をいう。柳田國男の『海上の道』を批判的発展的にとらえて「新・海上の道」という副題を付けた佐々木氏は、縄文時代末期以前にオーストロネシア型の稲作が日本に到達していた可能性を指摘し、その稲作は「雑穀栽培型」、つまり畑作に近い稲作であった可能性が高い、と述べている。

ハイヌウェレが殺されたことを知ったアメタは、彼女の死体を切り刻んで広場の周囲に埋める。それは種イモを切って植えるイモ栽培を想起させる。イモは焼畑耕作の作物のひとつだった。ハイヌウェレ型神話は、熊野に到着した当初は「女性（女神）の死体からイモなど主食が生まれた」という焼畑技術やその祭祀に伴う話だったと思われる。

佐々木氏が主張するように、原始的な稲作栽培がイモやアワの耕作とあまり間を置かずに日本列島に到着したのだとすれば、「女神の死」がもたらした作物はイモからアワ、そしてコメへと変わり、その種類を増していったことも容易に推測できる。こうして「ハイヌウェレ」は「オオゲツヒメ」や「ウケモチ」に変容していったのではなかろうか。

淡路島から始まる『古事記』の国生みで、四国の誕生場面が興味を引く。「身一つにして面《おも》四つあり。面毎《ごと》に名あり」として伊予国、讃岐国《さぬきのくに》、土左国《とさのくに》などそれぞれに神の名を付けたが、阿波国（徳島県）は「粟国《あはのくに》は大宜都比売《おほげつひめ》と謂《い》ひ」として、スサノヲに殺された神の名を付けているのである（『古事記』岩波文庫）。アワとオオゲツヒメの組み合わせは、イモからコメへという神話の発展過程を表しているような気がする。

神話だけではない。インドネシアは言語を含む文化の諸相を私たちの祖先にもたらした発信地、または経由地として以前から注目されてきた。

一九七〇年代、「日本文化は南方からもたらされた」ことを実証するために民族学、考古学、人類学、言語学者などで「黒潮文化の会」が結成され、現地調査や研究発表、シンポジウムなどが開催された。なかでも世の注目を集めたのは、アウトリッガー・カヌー「野生号Ⅱ」が黒潮に沿ってフィリピンのルソン島から鹿児島まで二千五百キロを航海し、黒潮の果たした文化史的、民族学的な役割を調査したことだった。

同会の報告書のひとつである『日本民族と黒潮文化』（角川選書、一九七七年）で、民族学者の金関丈夫氏は次のように記し、日本とインドネシアの歴史的関係の深さを強調した。

縄紋式時代の中期、早くは既に前期のころから、一の波が南方から日本に及んでいる。これにはメラネシア的色彩が含まれていたと考えられる。次は縄紋式晩期のころにインドネシア式色彩の濃厚な文化が日本に波及している。（中略）これらの、南方よりの文化の波の伝搬者が、私の想像するように、若《も》しインドネシア系の種族であったとすると、当然その言語が渡来し、かなり濃厚に、そしてかなり広く拡がったと思われる。ことに日本の中部以西に濃厚であり、古代から既に今日見るような、東西の大きい言語の境界を作っていたかもしれない。（中略）日本の言語がアルタイ系に統一された後も、南方系の口承は、その他の伝承とともに強く残った。これは何人も拒むことの出来ない事実である。

ちなみに、メラネシアはオセアニア海洋部の一部で、赤道以南、東経一八〇度以西にある島々の総称だ。ニューギニア島、ソロモン諸島、フィジー諸島などが含まれ、ハイヌウェレ型神話が伝わるセラム島もその広域に入る。

一方、金関氏とともにこのプロジェクトに参加した社会人類学者の馬淵東一氏は、南方地域の穀物起源神話の穀物がどこからもたらされたかについて、「天界からまたは海の彼方から」「地下界から」「女神または女子の屍体《したい》から」と三分類する。ハイヌウェレは三番目だ。そのうえで、「インドネシアでは、外来の高度文化、ことにヒンズー文化の感化を強く蒙《こうむ》った諸地方に、ハイヌウェレ型が目立つ。ヒンズー神話がハイヌウェレ型を豊沃《ほうよく》ならしめた感さえある」と述べている。

比較文化論を専攻し、インドネシアとインドをたびたび調査した沖浦和光氏は、文化・民俗・宗教などの領域でインドネシアとインド、とくに南インドとの歴史的関係の深さを感じるといい、インドネシア文化の源流の一つとして南インド文化を位置付けなければならない、と書いている（『インドネシアの寅さん』岩波書店、一九九八年）。

「女神が死んで、そこから作物（豊穣）がもたらされた」という神話は、南インドからの文化・文明の流れの影響も受けているのかもしれない。

6　火は女性の中にあった

南インドの話が出てきて思い出されるのは、国語学者大野晋《すすむ》氏の「インド南部の古代タミル語が日本語の基層をなした」という説である（『日本語はいかにして成立したか』中公文庫、二〇〇二年）。

大野氏は日本の食物起源神話について、①イモ栽培の神話、②ヒエなどの栽培の神話、③イネの栽培の神話、という順序があったと推定する。①の時代に対応する言葉はオーストロネシア語のひとつ。簡単な子音組織をもち、四母音で、常に母音で終わる言語だった。それは縄文時代のことだという。

弥生時代の到来とともに、インド南部の言語だった古代タミル語が日本列島に入ってきた、と大野氏はみる。古代タミル語を持ち込んだ人びとは、アワ（粟）とかコメ（米）とかカネ（金属）などとともに、ハタ（機織・織った布）などを持ち込んだ。そして「このタミル語の言語・文明の層がそれ以後の日本語の文法と単語の基礎を作った」と主張する。しかし古墳時代になると、朝鮮半島を経てアルタイ系の文明と言語が波及した。アルタイ語の一派である高句麗語が支配層の手でそれまでの言葉の上にかぶさった、と大野氏はいう。

「黒潮文化の会」に参加した学者、そして大野氏らの諸説を合わせると、私が「熊野型イザナミ・カグツチ神話」と考えるハイヌウェレ型神話の原型は、古代タミル語とともにインドネシア方面からもたらされた。そんな推測もしたくなる。

前に述べたように、イザナミとカグツチの神話は大和の朝廷でつくられたものである。しかし、「女神（地母神）が死に、そこから作物（豊穣）がもたらされた」という話の原型が南方から運ばれたとしたら、黒潮が沖を洗う熊野・有馬の地に『記・紀』神話がすんなり定着した理由がうなずける。そして熊野でイザナキの影が薄いわけも、なんとなくわかる気がするのだ。

イザナミが火の神を産んだときに死んだ、というところも意味深長だ。「火と作物の誕生」は焼畑農耕を連想させる。イザナミは地母神である。焼畑農耕は豊穣を地母神に祈ってから木々や草に火をつけて、作物の種をまく。カグツチは地母のふところから勢いよく生み出された生命であり、生の糧なのである。

先に、イザナキとイザナミがオノゴロ島で仲良く行った国生みの中で、四国の「粟（阿波）国」を「オオゲツヒメ」と名付けたという『古事記』のくだりを紹介した。オオゲツヒメは鼻や口、尻などから出した食物をスサノヲに出したことで彼を怒らせ、殺されてしまう。その神が「アワの国」と同義だというのである。

アワはイモとともに焼畑の代表作物だった。稲作が中心になってからも、この国では山間部などで焼畑農耕が長く続けられてきた。地母神イザナミと火の神カグツチというコンビは、実感のある身近な神格として引き継がれてきたのである。

イザナミが「ほと（陰部）」を焼かれて死んだという記述も神話の原型をたどるうえで重要だと思う。「火はもともと女性の陰部の中にあった」というのは南方系の伝承だからである。

日本神話を世界各国の神話と比較し、その歴史的位置付けを分析した大林太良氏は『稲作の神話』（弘文堂、一九七三年）のなかで、イザナミ・カグツチ神話を次のように解釈している。

この神話において重要なことは、火神が母神のみほとを焼いたという点である。ここでいおうとしていることは、火は元来は女性の陰部の中にあったということであろう。火が神や動物の体内にあったという観念は世界的に分布している。ことにメラネシアのばあいは、恥部から火が発生したという観念が明瞭であって、日本との類似がいちじるしい。（中略）

火は元来女神の陰部にあったという神話の分布と、死体化生型の作物起源神話の分布とが大体重複しており、焼畑耕作民文化にその母胎があると考えられる。臨済宗の寺で修行した後、ハーバード大学で神学を学び、宗教や文明について幅広く論じている町田宗鳳氏は、火が女性の中に存在するというのは性行為からの連想ではないかと書いている。

火が神や動物の体から生まれるという神話は、決して日本特有のものではなく、世界的に分布していることはよく知られている。特に、女性の恥部から火が発生するという神話はメラネシア、ポリネシア、南アメリカに圧倒的に多い。なぜ女性と火が関係するのかというと、その両者とも産みの力を有するという点で共通しているからである。しかも面白いことに、火を使って山肌を焼き尽くすことによって、穀物、イモ、果樹などを栽培する焼畑農耕文化をもつ国々に、このような火の神にまつわる神話が多く残っている。それともう一つの理由は、発火錐《きり》を使って火をおこすやり方が、男女の性行為を連想させることから、火が女性の性器の中に存在するという考えが発生したと思われる（『エロスの国・熊野』法藏館、一九九六年）。

ここでもういちど、私の考えと論点を整理してみる。

昔々、熊野・有馬の地に「女神が死んで、そこから作物がもたらされた」という神話がたどりついた。それは、ドイツの民族学者イエンゼンがインドネシア・セラム島で収集した「ハイヌウェレ型神話」の原型だったと思われる。

それが黒潮に乗ってやってきた時期はよくわからない。焼畑農耕を考えると縄文末期かもしれないし、必要な言葉がなければ神話や祭祀も伝わらないとすれば、弥生時代に入ってからかもしれない。それを「熊野型イザナミ・カグツチ神話」と呼んだのは、『記・紀』のイザナキ・イザナミ・カグツチ神話と区別するためだ。

では、この地で「熊野型イザナミ・カグツチ神話」にはどんな名前が付けられたのか。また『記・紀』神話のうち、なぜイザナミが熊野に受け入れられ、イザナキはそっぽを向かれたのか。

次にそうした問題を考えてみたい。

Ⅱ　地母神

1　母から子へ命のリレー

「熊野型イザナミ・カグツチ神話」の原型は南洋の島から黒潮に乗ってこの地にやってきた。それは「女神が死んで、そこから作物がもたらされた」というものだった。最初、焼畑農耕の人びとによって運ばれたであろうこの伝承は、焼畑と相前後して到来した稲作農耕を始めた人たちによって引き継がれた。

ハイヌウェレ神話はイモ栽培の誕生を物語る。「少女の死体を切り刻んで広場の周囲に埋めたところから、各種のイモが生じた」という物語は、種イモを切って耕作地に植えるイモ栽培と合致している。

稲作も似たところがある。前年から選んで保存しておいた種モミを苗代で育て、田植えをする。種イモと同じに、「前の命から次の命が生まれる」という再生ストーリーである。

コメ作り農家は種モミとして特別に栽培されたものを買う場合が多い。収穫したモミの一部を翌年に使うという作業を繰り返すと、収穫量が減ったり、病気になりやすくなったりするからだ。しかし、モミのなかで出来や色、形のよいものを選んで翌年に使う場合もある。

イザナミは自らの命をかけてカグツチという次の命を産んだ。農耕を生活の糧とした人びとは穀物の「命の継続」を神業《かみわざ》と敬い、継続の安定を祈ったことだろう。

地母神でもある女神が自らの命と引き換えに人びとに主食をもたらす。それがハイヌウェレ型神話のエッセンスである。焼畑であっても稲作であっても、それは耕作者の祈りと実感にマッチしていた。だからこそ、万里の波濤を越えてこの列島にたどり着き、神業としてその後も人びとに信奉されたのだと思う。

熊野・有馬に定着した農耕の神が何と呼ばれていたかはわからない。「ハイヌウェレ」ではないことは想像できるし、「イザナミ・カグツチ」でもなかろう。イザナミはイザナキとともに『記・紀』が編纂される過程で皇統譜に位置付けられた神々である。

『古事記』の編纂は天武天皇の号令に端を発し、最終的に太安万侶《おおのやすまろ》が撰録《せんろく》して和銅五年（七一二）、元明天皇に献上された。一方、『日本書紀』のほうは「（天武天皇の皇子の）舎人《とねり》親王の編纂事業が完成し、元正天皇に奏上した」と養老四年（七二〇）五月二十一日条の

『続日本紀《しょくにほんぎ》』が記しているから、『古事記』より八年遅れて完成した。カグツチ神は『記・紀』編纂過程の産物だろう。

では「女神が死んで、そこから作物がもたらされた」という神話・思想の神は『記・紀』神話が入ってくる前の熊野で、どんな名前で呼ばれていたのだろうか。

言葉だけで文字がなかった時代のことは確かめようがない。しかし文字が使われて以降、それは「結早玉《むすびはやたま》」とか「結玉」として伝えられてきたのではないだろうか。

結（むすび）には「取り持つ」「くっつける」というほかに、「産《む》す（生み出す）」という意味がある。ハイヌウェレが死んでイモが生まれる。イザナミが死んでカグツチが生まれ、次に五穀が誕生する、といったように「結」は新たな命を取り持ち、産み出すパワーを示す。

『記・紀』神話で、アマテラスと並んで高天原を仕切ったタカミムスヒ神にもこうした力があった。

それは、たとえば対馬の天童信仰に表れている。日本と韓国の間に位置する長崎県対馬は古代、大陸からの思想・文化・技術の通り道だった。その南端の豆酘《つつ》という所に、タカミムスヒを祀った高御魂神社《たかみむすひ》が鎮座する。

対馬には観音の化身・天童法師を崇拝する信仰がある。天童法師は対馬に赤米の種モミを伝えたとされる。毎年「神田」で赤米を栽培し、それに神霊を入魂して「テンドウ」という名の餅をつくる神事が伝えられてきた。タカミムスヒは「テンドウ」をつくる穀霊である。

「結」は大地から作物をもたらす（産む）地母神であった。一方、「玉」は「結」のパワーによって産み出される糧《かて》にほかならない。「玉」は「早玉」「速玉」でもある。そこには、イモ、アワ、イネなどの速やかな成長への願望や、「結」パワーへの崇敬が込められている。

母から子が生まれる。種イモや種モミから次の芋や米ができる。イザナミとカグツチが母子として「命のリレー」を演じたように、「結早玉（結玉）」も離れがたく結ばれた観念・神格といえよう。

生田神社（神戸市中央区）宮司の加藤隆久氏は、「タマとは神の本体を表わすものであり、ムスビはそのタマの有する働きを示すものにほかならない。ゆえにムスビとタマとは元来不二のものであり、共に相関連して発生し、それが後に分離して二つの神格が成立したものと考えられる」と述べている（『熊野三山信仰事典』戎光祥出版、一九九八年の論文「熊野信仰の源流を探る」）。

「結早玉」が「結」と「早玉」という二つの神格に分かれ、それが熊野那智大社（夫須美《ふすみ》大神）と熊野速玉大社（速玉大神）の主祭神として、そしてまた熊野三山共通の神として祀られた。

「結早玉（結玉）」と熊野三山の創始の関係は私のストーリーの重要部分なので後にゆっくり論じたいが、黒潮が運んだ神話が有馬の地に根を下ろしたという私の推測が成り立つとすれば、熊野三山の神のルーツは、はるか南方にあることになる。

2 独自の神格「結早玉」

「女神が死んで、そこから作物がもたらされた」という神話・信仰は、熊野の有馬の地に到着したあと稲作の定着とともにその祭祀と結び付き、「結早玉（結玉）」という神格に発展した。私はそんなふうに考える。それは熊野独自の神格でもあった。

「結早玉」が記録に現れる最初は『三宝絵詞《さんぼうえことば》（三宝絵）』のようだ。平安中期の永観二年（九八四）に成立したといわれる仏教説話集である。

著者は源《みなもとのためのり》為憲。漢詩などに秀でた当代きってのインテリ・為憲が、冷泉《れいぜい》天皇の皇女として生まれ、数奇な運命をたどり若くして仏門に入った尊子《そんし》内親王の仏教入門書として執筆した。三宝とは仏・法・僧を指す。

「結早玉」は『三宝絵詞』のなかの「熊野八講会《はっこうえ》」について記した項の書き出し部分に出てくる。「八講会」とは法華経八巻を朝夕講じ、四日間で終える法会である。この部分は本宮大社、速玉大社の創始を考えるうえでも重要な史料となる。

『三宝絵詞　下』（江口孝夫校注、現代思潮社・古典文庫、一九八二年）から引用する。

紀伊国牟婁郡《むろのこほり》に神います。熊野両所、証誠《しょうじょう》一所と名づけたてまつれり。両所は母と娘なり。結早玉と申す。一所はそへる社《やしろ》なり。この山の本神と申す。新宮、本宮にみな八講を行ふ。紀伊国は南海の際《きは》、熊野郷《くまののさと》は奥の郡の村なり。山重なり、河多くして行く道遥かなり。春往き秋来りて至る人まれなり。山の麓《ふもと》にをる者は菓《こ》の子《み》を拾ひて命をつぐ。海の辺《ほとり》に住む者は魚漁《すなど》りて罪を結ぶ。もしこの社いませざりせば八講をも行はざらまし。この八講なからましかば、三宝をもしらざらまし。

熊野は山が重なり合い川が多く、行く道遥かに遠いところだ。訪れる人とてほとんどいない。山のふもとの人は木の実で命をつなぎ、海辺の住人は魚をとり殺生を重ねる……。古代の熊野を描写する、なかなかの名文だ。そんな辺鄙《へんぴ》なところにまで仏法の功徳が及ぶことを強調したいのだろう。

「結早玉」は「熊野両所」と呼ばれ、また「母と娘」として登場する。なぜ「母と娘」なのかよくわからない。ハイヌウェレが地母神と少女という二面性をもっていることと関わりがあるのだろうか。

もうひとつの神である「証誠一所」は「そへる」神とされる。「添える」「副える」といった字が浮かぶが、これをどう解釈するかも問題だ。後に私なりの解釈を示してみたい。『三宝絵詞』のこの部分は「新宮」「本宮」という名称が用いられている古い史料としても貴重である。

『古事記』『日本書紀』はもちろん『三宝絵詞』より古い文書である。後述のように、「イザナキ・イザナミ」は淡路島周辺の海人《あま》たちの間で伝えられてきた伝承が朝廷に採用され、皇祖神アマテラスの親とされた。

それと古代の熊野（有馬）で行われていて風変わりな祭りがドッキングして、「イザナミがカグツチを産んだときの火傷《やけど》で死に有馬村に葬られた」という『日本書紀』の一書の記述になったのだと思う。

イザナキ・イザナミ神話は「アマテラスの出自」を明らかにする必要から『記・紀』の編纂スタッフが採用した話だろう。熊野では、中央の朝廷とは関係なく、南海からの伝承が「結早玉（結玉）」として語り継がれてきた。それは「熊野型イザナミ・カグツチ神話」から生まれた神格であった。

『三宝絵詞』の筆者は仏の教えを説くことが主眼で、熊野の風土と仏法を結び付けようとしたから、「結早玉」のような熊野ローカルな名称をあえて使用したのではなかろうか。

以降、「結早玉」は十二世紀の『長寛勘文《ちょうかんかんもん》』に引用された「熊野権現御垂跡縁起《ごすいじゃくえんぎ》」に「結玉」として出てくるほか、熊野の歴史に欠かせない神格として頻繁に登場する。「熊野権現御垂跡縁起」には熊野本宮大社（本宮）、熊野速玉大社（新宮）の創始を探る重要なヒントが示されているから、後にまた触れたい。

ただ、「結早玉（結玉）」のその後を追う前に、イザナキ・イザナミについて、なおいくつか語っておかなければならない。

『古事記』と『日本書紀』は現存する最古の歴史書であり、ヤマト王権の正当性を主張するためにつくられた。王権に組み入れられた地域では、地元の社寺の歴史や神々の物語が『記・紀』に合わせて書き変えられた。

熊野も例外ではない。古い神話や伝承そして土着の神々が、塗り替えられたり、すり替えられたりした例があったに違いない。ヤマト王権のベールをはいで、元の信仰の姿を探るには、まず皇統譜に並ぶ神々の「出自」や「由来」を調べてみなければならない。

私の関心は、イザナミという『記・紀』の神がなぜ、「結早玉（結玉）」という神格をもっていた熊野にすんなりと受け入れられたのか、ということである。

そのために、目を淡路島近辺の瀬戸内海に転じてみよう。

3　淡路の神話が宮廷へ

イザナキとイザナミは不思議な神である。

皇祖神アマテラスの親神なのに、扱いが何となくよそよそしいのだ。親神を敬うべきはずが宮中八神（天皇を守る神々。カミムスヒ・タカミムスヒ・タマツメムスヒ・イクムスヒ・タルムスヒ・オオミヤノメ・ミケツ・コトシロヌシ）にも入っていない。

アマテラスが誕生したらあとは「御役御免」とばかり、『記・紀』も黄泉《よみ》の国の話が終わったら、この二神に知らんぷりだ。

アマテラス・ツクヨミ・スサノヲのいわゆる三貴子も誕生からして心もとない。『古事記』によると三貴子は、黄泉の国から逃げ帰ったイザナキが「何といやな、けがらわしい、きたない国に行ったのだろう。身を清めなければ」と、筑紫の日向《ひむか》の阿波岐原《あわきはら》で禊《みそぎ》をしたときに生まれた。アマテラスは左目を、ツクヨミは右目を、スサノヲは鼻を洗ったときに誕生したという。父なし児ならぬ「母なし児」である。

『日本書紀』の本文では、大八洲国《おおやしまのくに》や山川草木を生んだあと両親が「次は天下《あめのした》の主者《きみたるもの》を生もう」とつくったことになっている。だが生まれた「日の神」の名はアマテラスではなく大日孁貴《おおひるめのむち》。「一書《あるふみ》に天照大神という」という但し書きが付け加えられて、アマテラスのことだとわかる。

『日本書紀』は別の一書で、黄泉の国から帰還したイザナキの禊からアマテラスなど三貴子が生まれたと、『古事記』とほぼ同じ話を載せている。

皇祖神の母たるイザナミが、その死体にウジがわいたり雷がたかったりする姿を曝《さら》すこと自体、ひどい話ではないか。イザナミは夫を追いかけ、「あなたの国の人びとを一日千人絞《し》め殺す」などとぶっそうな言葉を吐き、あげくは石で塞《ふさ》がれ離縁されてしまう。「見ないで」という頼みを破ったのは夫のほうなのに、これではイザナミがかわいそうだ。

そもそも、イザナミが「死ぬ」というのが解せない。日本神話の神、とりわけ「天《あま》つ神」は死なずに、静かに隠れるものだ。イザナミは日本神話のなかでちょっと異例な神格なのである。

そこで『記・紀』のイザナキ・イザナミ神話がどのようにして形づくられたかをみてみよう。

「島の始まりが淡路島、泥棒の始まりが石川五右衛門……」。ご存知、フーテンの寅が道端でテンポよく演じる啖呵《たんか》売りのせりふだ。その出典は『古事記』だから、寅さんは物知りなのである。

淡路島の南に浮かぶ沼島の「上立神岩」。オノゴロ島伝説がある

矛《ほこ》の先から滴り落ちた塩が重なってできたオノゴロ島に降り立ったイザナキとイザナミは、神聖な柱を回りながら互いを褒《ほ》め合い、つぎつぎに国を生んだ。その最初が淡路島だった。

大阪湾の入り口に浮かぶ淡路島は、その地理的な位置などからヤマト王権にとってなじみのある島だった。島の北部で弥生後期の大規模な鉄器工房跡が発掘されている。文化的にも先行した島だったのだ。

国生みの最初が淡路島だったということは、この神話の舞台がその周辺だったことを物語る。オノゴロ島は島の南部、紀伊水道に浮かぶ小さな沼島《ぬしま》とも、淡路本島ともいわれてきた。

歴史学者の上田正昭氏は『日本神話』（岩波新書、一九七〇年）のなかで、「瀬戸内海の島生み、とりわけ『おのごろ島』とその周辺を舞台にする国生み神話の原初の姿は、淡路地方を中心とした海人たちのあいだにはぐくまれた島生みをめぐる信仰にあったと考えられる」と書いている。

神話学者の松前健氏は次のように推察する。

この二神の神話が宮廷の神話体系に、現在のような形に組み入れられたのは、少なくとも天孫降臨や天石窟戸《あめのいわやど》神話が現在の形に完成した七世紀中葉以降のことであろう。イザナギ・イザナミの社に対する朝廷の冷淡さも、この二神と皇祖神との血縁が、本来的なものではなく、かなり後世の「説話的設定」にすぎないことによるのである。（中略）

大嘗祭《だいじょうさい》の卯《う》の日の神事に、召されて古詞を奏上する語部《かたりべ》の中に、淡路の出の者が二人いたが、もしかすると、この語っていた古詞は、国生みに関する神事歌ではなかっただろうか（『日本の神々』中公新書、一九七四年）。

「大嘗祭の卯の日の神事」とは、天皇の即位後、初めて行われる新嘗祭《にいなめさい》の神事のことである。

神による陸地創造神話、二神の交合の結果、島（国）が誕生するといった神話は、太平洋の島々に数多くみられる。インドネシア・セラム島のハイヌウェレ神話を紹介した吉田敦彦氏は、ポリネシアを中心にメラネシアやミクロネシアの一部に分布する陸地創造神話と日本神話の「国生み」との共通性を指摘する（『日本神話の源流』講談社学術文庫）。

イザナキ・イザナミの国生みの場面には興味深いくだりがある。

『日本書紀』の一書によれば、二神は最初、交合の仕方がわからなかった。そこにセキレイが飛んできて、その頭と尻尾を振った。二神はそれを見習って交わった。

大林太良氏は、インドネシアの原初洪水型の神話にも同じような話があるという。「最初の男女は、どのようにセックスしていいか、仕方を知らなかった。そこに鳥がやってきて、その鳥が仕方を教えてくれた」（シンポジウム『黒潮列島の古代文化』角川選書、一九七八年の中での発言）。

イザナキ・イザナミ神話の国生み神話は、南方にその故郷があり、海人《あま》たちが瀬戸内にもたらした。それを朝廷が拝借した。そんな経緯があったと思われる。

4　異なる二神の性格

イザナキ・イザナミ神話はもともと、海人たちによって淡路島周辺にもたらされたものだった。それが朝廷に採用され、アマテラスの親神とされた。

国生み神話だけではない。火の神カグツチを産んで母神が死んだという伝承、後にオオゲツヒメやウケモチなどの話に発展した五穀誕生の神話も、そのルーツはハイヌウェレ型の南方神話だったと思われる。それは「女神が死んで、そこから作物がもたらされた」という物語だった。

黒潮に乗ってきた神話の原型は、一方が熊野にたどり着き、もう一つの流れが瀬戸内海を通って淡路島近辺で語り継がれた。熊野に定着した神話はその後、「結早玉（結玉）」という神格になった。瀬戸内に入った伝承が、イザナキ・イザナミ、イザナミ・カグツチなど『記・紀』の物語となった。私はそんなふうに考えている。

『記・紀』神話、とりわけイザナミ・カグツチ神話を熊野の古代人が受け入れたのは、全国を支配したヤマト王権の神々を取り込み、地元の「格」をあげたいと思ったからだろう。しかしそれだけではあるまい。自分たちの農耕祭祀の神「結早玉」と『記・紀』の神々の「ルーツ」が同じだったから、その受容に抵抗感が少なかったと思われる。

ではなぜ、熊野ではイザナミやイザナミ・カグツチが主で、イザナキは従なのか。それはイザナキとイザナミが、その性格や出自を異にする神格だからではないか。

イザナキ・イザナミ神話が総体として南方系・海洋系の神話であることは間違いなかろう。しかし、潮の香りに満ち満ちているイザナミに対して、イザナキには大陸的な匂いも感じる。それはたとえば、遊牧民が羊を追うユーラシアの草原の雰囲気といったようなものだ。

古代から、海の民たちは水平線の彼方に豊饒と再生の理想郷を求める世界観をもっていた。一方、朝鮮半島からユーラシア大陸の内部では天神を畏怖《いふ》し、天上から祖先神が降臨したという思想をもつ民が少なくなかった。

瀬戸内海には朝鮮半島を経て大陸から、また黒潮に乗って南方からと、ふた通りの文化が流れ込んだ。これに対して、もっぱら南方系の文化や神話が届いた熊野では、イザナミはすんなり受け入れられたが、イザナキにはどこか違和感もあったのではなかろうか。

私が熊野に住み始めたとき「イザナミばかりで、イザナキの影が薄いところだなあ」と感じたのは、古く長い歴史の産物だったのかもしれない。

イザナキとイザナミの差異を鮮やかに論じたのは沼沢喜市氏である。やや長くなるが、沼沢氏の論文「南方系文化としての神話」（『日本神話研究2　国生み神話・高天原神話』学生社、一九七七年）から引用したい。

イザナギ・イザナミ神話の内容そのもの、及び男神と女神のそれぞれの神話的性格などを、比較神話学に照らし合わせながら分析してみると、この二柱の神々は、本来は、まるで異なった性格と、異なった由来の神々であり、この二柱の神々が結婚して子どもを生むといういわゆる世界両親神話としてのイザナギ・イザナミ神話は、由来の異なる二つの神話が結合してできた第二次的形成のものであることが明らかになる。

イザナミは本来、地母神の性格をもつ神である。彼女が火を生んでやけどをし、病の床に臥《ふ》している時、その排泄物から、豊穣な土地と陶器を主宰《しゅさい》する土神、灌漑《かんがい》と肥料を主宰する水神、更に食物と穀類の女神などが生まれた。こういう神々の母であるイザナミは又自らも、豊穣な大地の神、食物と穀類の神、植物神、農耕神、生殖神であり、地母神である。同時に彼女は、自ら最初の死者であり、毎日多くの人々を殺し、ヨミの国を主宰する大神でもある。こういう性格の神は、又月に関連をもち、自ら月の女神である。地母神の崇拝又神話は、勿論《もちろん》、農耕文化にぞくするものであり、主として南方系農耕民族の間に拡がっている。

イザナミが地母神であるのに対して、男神イザナギは、天神の性格をもつ天父である。彼が世界の初め、国を被《おお》っていた朝霧を吹き払った時の息は、風であり、妻を失って悲しみ泣いた時の涙は、雨であり、妻の死の原因となった火の神を、怒って斬った時の彼の剣は、雷であった。彼がヨミの国から帰って川に入り、禊《みそぎ》をし、両の目を洗った時に、日の神と月の神が生まれ、鼻を洗った時に、暴風の神が生まれた。イザナミと別れてのち、彼は天にのぼり、そこに永住することになる。こういう性格の神は、自ら天神であるか、ないしは、天に関連をもつ神である。天神の崇拝又神話は、本来、原始狩猟採集民族と父権的遊牧民族の文化にぞくするものである。

『記・紀』が語るイザナキとイザナミの神話は、天父と地母の結合と分離、つまり当初は渾然《こんぜん》一体だった天と地が分かれる話だったのである。ここで神話にさらに立ち入るつもりはない。「地母神の神話は主に南方系農耕民族に拡がっているのに対して、天神は本来、狩猟・遊牧民族の神話である」という沼沢氏の主張を紹介すれば十分であろう。

自身も瀬戸内の生まれである沖浦和光氏は『瀬戸内の民俗誌』（岩波新書、一九九八年）の中で、古代の瀬戸内海の海民にはその出自の違いから宗像《むなかた》系、安曇《あずみ》系、住吉系、隼人《はやと》系などがあった、という。朝鮮半島や北九州との結び付きが強い宗像系は遠洋航海に長じ、同族の可能性が強い安曇・住吉系は沿岸航路に根を張っていた。また隼人系は瀬戸内・大三島に鎮座するオオヤマツミを海の守護神とする海民との関係が深い。彼はそんな見方をしている。

日本神話では、山幸彦（ホヲリ＝神武天皇の祖父）に服従した海幸彦（ホデリ）が隼人の祖先とされている。隼人は南九州が本拠地だったから、「イザナミ神話は隼人系の海人によって運ばれ伝えられた」という推測も成り立つのではなかろうか。

5　母神には海辺が似合う

アマテラスは、ヤマト王権によって皇祖神に祭り上げられた「日の神」である。それはもともと伊勢地方のローカルな太陽信仰の神「アマテル」だった。南方とのつながりの深いヤマト王権の創始者や継承者たちが、支配に都合のよい垂直的な世界観・宇宙観を構築するために、高天原やアマテラスを「創造」した。私は拙書『ヤマト王権幻視行』（方丈堂出版）にそう書いた。

自分たちの至高神をつくったら、アマテラスの出自が必要になる。そこで九州や大陸に通う通路で、なじみのある淡路島周辺の海人たちの伝承を借用、脚色をほどこして『記・紀』のイザナキ・イザナミ神話を完成させた。

ところが性格や由来の異なる神を夫婦に仕立て上げたため、どこかぎくしゃくし、皇祖神の母神が死んだり、離縁させられたりする話になってしまった。黄泉《よみ》の国での壮絶なエピソードを読めば、アマテラスの末裔《まつえい》である天皇を守る宮中八神に「両親」を入れなかった理由がわかるような気がする。

熊野とは逆に、淡路島ではイザナキ信仰が強かったのだろう。この島に古くからイザナキが祀られていたことは『日本書紀』の記述からわかる。

第十七代の履中《りちゅう》天皇が淡路島で狩りをしたときのこと。島のイザナキ神が神職に乗り移って「（馬の世話をする）飼部《うまかいべ》らの目のふちの入れ墨の傷の血なまぐさい匂いがいやだ」と不快感を表明した。そこで以後、飼部に入れ墨をするのをやめたという。

第十九代允恭《いんぎょう》天皇の話もある。淡路島に狩りに出かけたときのこと。山には鹿、猿、猪などいっぱいいたのに、一頭も獲れない。わけを占うと、島の神が「明石の海の底から

イザナキを祀る淡路市の伊弉諾神宮

真珠を採って私に供えれば獲物を得られるようにしよう」といった。一人の海人が獲った大アワビの中に桃の実ほどの大きな真珠が入っていた。それを供えるとたくさんの獲物が獲れたという。

「島の神」はイザナキであろう。だれか女神にプレゼントするつもりだったのだろうか。

アマテラスを生んだら御役御免といっても、イザナキは「故郷の島」の式内社・伊弉諾《いざなぎ》神宮に手厚く祀られているからまだ幸せだ。しかも朝廷から「一品《いっぽん》」という最高階位を与えられたのである。

それに対してイザナミのほうは、その「墓」がどこにあるのかも定かでない。『古事記』は「出雲と伯耆《ほうき》（鳥取県西部）の境の比婆《ひば》の山に葬られた」とするが、すでに述べたように『日本書紀』の一書には「紀伊国の有馬村に葬った」とあるなどばらばらだ。

正式な陵墓はなく、宮内庁は明治時代に宮内省がイザナミの陵墓伝説地とした場所を「岩坂陵墓参考地」と定めている。それは島根県松江市の南部、神魂《かもす》神社から熊野大社に向かう国道沿いにある。一方、三重県熊野市有馬町近辺の人たちは、「お綱掛け神事」が催される花の窟がイザナミのお墓だと思っているだろう。

イザナミを信じる人たちが、その霊の鎮まる場所をあちこちに設けていいのだ。この神には宮内庁の書陵行政が関与してほしくない。ただ私は、イザナミがもともと海の彼方、南方にその原郷をもつ神だから、「墓所」も山中より海辺のほうがふさわしい、と思っている。

イザナキ・イザナミの名前の由来については、①「誘《いざな》う」の語根に男性の「キ」、女性の「ミ」がついた、②「イサ」は「功徳」の意の「功《いさを》」の語根、③古代インドの神、伊舎《いしゃ》那天《なてん》からきているなど諸説がある。

①は本居宣長の説だ（『古事記伝』）。二神はオノゴロ島で神聖な柱を回りながら、お互い「いい男ね」「すばらしい乙女だ」と褒《ほ》め合い、誘い合ってまぐわい、国生みをした。

②は白鳥庫吉の説である。彼は「此の名称は二神が国土諸神を生成せられた功徳によっ

てつけられたと思ふ」と書いている（『白鳥庫吉全集』第一巻、岩波書店、一九六九年）。

③は南北朝時代の北畠親房による。南朝の正統性を主張するために書いた『神皇正統記《じんのうしょうとうき》』には「或説《あるせつ》ニ伊弉諾《いざなき》・伊弉册《いざなみ》ハ梵語《ぼんご》ナリ、伊舎那天・伊舎那后《くう》ナリト云《いふ》」とある（日本古典文学大系『神皇正統記・増鏡』岩波書店、一九六五年）。

伊舎那天はヒンズー教ではシヴァ神と同体だという。国語学者の大野晋氏の「インド南部の古い言語である古代タミル語が稲作などとともに日本列島にもたらされ、その後の日本語の基礎となった」という説を先に紹介した。

言語や神話、農耕技術などの分野では、インドや中国南部から南洋の島々を経て、この国にたどり着いたものもあったろう。そう考えると、イシャナテン・イシャナクウがイザナキ・イザナミになったという説も、むげに退けることはできまい。

有馬に住み、周辺の古代史を研究してきた桐本正男氏は、「イザナミ、イザナキは接頭語のイサ（最初の）に古代インドネシア語のミナイ（女性）、ヌラキ（男性）がつき、それぞれ転訛《てんか》したもの。またカグツチはインドネシア語のアグラ（火）に道教で禍福を表すツチが加わった、と思われる」と私に語った。インドネシアのハイヌウェレ神話に興味のある私としては、これも紹介しておきたい。

Ⅲ　有馬

1　『いほぬし』と花の窟

毎年二月二日と十月二日に催される花の窟《いわや》の「お綱掛け神事」について調べ直そうと思うきっかけを与えてくれたのは、古代史学者の直木孝次郎氏だった。

私は二〇〇八年三月末から一年余、朝日新聞大阪本社管内の夕刊で「海《あま》から天《あま》へ　熊野・大和幻視行」という題の連載を書いた。ヤマト王権の創始者は「海の民」であるとしたうえ、熊野に上陸した彼らが内陸の大和盆地で地歩を固める過程で、水平的思考から垂直的思考へと世界観・宇宙観を転換した、という空想を交えた物語である。

その何回目かで「お綱掛け神事」を取り上げ、こう記した。

「世に祭りは多いが、『日本書紀』に描かれた通りの姿で今に引き継がれてきた祭りはそうはあるまい」。

私が『日本書紀』の一書の有名な一節を念頭に置いていたことはいうまでもない。火の神カグツチを産んだときの火傷《やけど》で死んだイザナミについて語った場面である。

紀伊国《きのくに》の熊野の有馬村《ありまのむら》に葬《はぶ》りまつる。土俗《くにひと》、此《こ》の神の魂《みたま》を祭るには、花の時には亦《また》花を以《も》て祭る。又鼓《つづみ》吹《ふえ》幡旗《はた》を用《も》て、歌ひ舞ひて祭る（岩波文庫）。

海辺の巨岩の上から垂らされた「お綱」は海の彼方の常世《とこよ》と現世を分ける結界を思わせる。ヤブツバキ、ウバメガシ、イヌビワ、ヤブニッケイなど暖地性の木々が生い茂る境内で繰り広げられる神事にひたっていると、太古に戻ったような不思議な気分になる。

連載を読んだ直木氏からご指摘をいただいた。だいたいこんな趣旨だった。

「君は『日本書紀に描かれた通りの祭りはそうはあるまい』というが、あれは近世に国学が盛んになった流れの中で、国学者の指導で日本書紀の記述通りに復活させた祭りではないか。書紀にならって始めたのだから、『描かれた通り』は当たり前だ。中世にまでさかのぼれる祭りなら別だが……」。

直木氏は史料を重視する学者である。歴史の泰斗《たいと》のコメントだったが、当時の私はその意味がわからず、連載を本（『ヤマト王権幻視行』方丈堂出版）にしたときも手直しをしなかった。

その後、二〇一〇年秋に三重県熊野市に居を移し、「お綱掛け神事」を改めて見学する一方、花の窟について調べていくうちに、直木氏の指摘の重さを感じるようになった。この神事は、花の窟をイザナミの陵墓と考え、神霊を敬い慰める行事として催されている。しかし現在のような形で祭りが行われ始めたのはそれほど古くはないのではないか。花の窟がイザナミのお墓だという言い伝えは近世以降のものではないか。そう思うようになったのである。

花の窟が記録に現れたのは『いほぬし』が最初だろう。平安時代中期の僧で歌人でもあった増基の紀行文で、古代の熊野を知る貴重な文献である。『いほぬし』とは庵主の意味だ。

京から中辺路《なかへち》、本宮大社を経て伊勢路をたどった増基は、花の窟について次のように記している。

はなのいはやのもとまでつきぬ。見ればやがて岩屋の山なる中をうがちて経をこめ奉りたるなりけり。「これはみろくぼとけの出給はんよに、とり出たてまつらんとする経なり。天人つねにくだりてくやうし奉る」といふ。げに見奉れば、この世ににたる所にもあらず。そとばのこけにうづもれたるなどあり。かたはらにわうじのいはやというあり。たゞ松のかぎりある山也。その中にいとこきもみぢどもあり。むげに神の山と見ゆ（増淵勝一編著『いほぬし本文及索引』白帝社、一九七一年）。

今の言葉にすると、あらまし次のようになろうか。

花の窟では岩に穴をあけ経文を籠《こ》めてある。弥勒菩薩がこの世に出現されるときに取り出して奉る経である。天人が常に天降って供養されているという。こんな所はほかにない。周りには苔に埋もれた卒塔婆《そとば》もある。わきに王子の岩屋というところもあった。松が生え、濃い紅葉もうかがえる。本当に神の山のようである。

王子の岩屋は、イザナミを祀る巨岩の向かいにある小さな岩で、カグツチの墓とされている。カグツチは、愛する妻を殺され逆上した父イザナキに斬り殺された。

増基がいつ熊野を訪れたのかははっきりしないが、十世紀末から十一世紀初頭ではないかとみられる。当時、花の窟は納経・埋経の場所だったことがわかる。古い卒塔婆があるということは、そこで死者の供養も行われていたのだろう。

仏教民俗学者の五来重氏は、花の窟の海蝕洞窟から人骨が発見されたという記録を引いて、古代に風葬などの葬所や神霊出現地として信仰対象だった花の窟が、やがて納経、埋経、卒塔婆供養など仏教的修験的霊場になった、という考えを述べている（「熊野神話と熊野神道」山岳宗教史研究叢書15『修験道の美術・芸能・文学Ⅱ』名著出版、一九八一年）。

花の窟は海上からも目立つ巨岩である。そこが古くからの祭祀の場であったことは間違いあるまい。私は、縄文・弥生の時代に黒潮に乗ってやってきた海の民の「山たて（山あて)」の目標物としての信仰がその嚆矢《こうし》ではないかと考えている。

「山たて(山あて)」とは海上から見た陸上のふたつの目標物から、自分の船の位置を確かめる方法で、漁撈に生きる人びとにとって、良い漁場にたどりつく、もしくは身の安全をはかる術だった。

貧弱な船で沖に出すぎたら、浜に戻れなくなる。彼らは目標物が見えなくなるほど岸から離れたら危ない、といった経験則をもっていたはずだ。霧が晴れ、なじみの山や大岩が目に入ったときの喜びも大きかった。

生死や漁の成否をにぎる目標物は信仰の対象になる。海からも見える那智の滝、新宮・神倉山のゴトビキ岩などの信仰はこうして始まったのではなかろうか。花の窟もそのひとつとして祭祀の場となり、平安時代に納経・埋経の聖地となったのだろう。

2 旅日記の描写の変遷

花の窟は平安時代に納経・埋経の場だった。そのずっと以前からそこは祭祀の場所であった。しかし祭祀の場であったことと、「イザナミの墓所」であることは直結しない。

『日本書紀』は「イザナミは熊野の有馬村に葬られた」「土地の人は季節の花や音曲や舞で、その魂《みたま》をお祭りする」といっているだけで、花の窟について触れていない。

『いほぬし』もそうだ。作者の増基が訪れたときすでにそこがイザナミの墓所という伝承があったのなら、彼がそれに一言も言及していないのは不自然である。

「僧侶なので『神』に関心がなかった」という解釈はできないことはなかろう。しかし「イザナミの墓所」というのはかなり強烈な伝承だ。いくら相手がカミだからといって、「苔に埋もれた卒塔婆」とか「濃い紅葉」とか結構細かく観察している筆者がイザナミ伝承を聞かなかったり、無視したりするはずはない。

となると、増基がそこを訪れた平安中期には花の窟とイザナミは結び付いてはいなかった、ましてやそこがこの女神の墓所であるといった言い伝えはなかった、と考えるのが自然であろう。

花の窟について『いほぬし』の次に古い史料は何だろうか。ここで『熊野山略記』を取り上げてみたい。

『熊野山略記』は熊野三山それぞれの成り立ちや祭礼などを説明した縁起集成で、熊野三巻書ともいわれる。熊野那智大社で永享《えいきょう》二年（一四三〇）に書写したことを示す奥書のついた『熊野山略記』がみつかり、原本の成立が中世までさかのぼれることがわかった。

中世文学が専門の川崎剛志氏は『熊野山略記』について、「室町時代初期に、それまで熊野三山の多くの組織に伝えられてきた資料を、那智山の滝本《たきもと》で類聚《るいじゅう》した（広く寄せ集めた）もの」と推測する。

その中の「新宮縁起（熊野速玉大社の縁起）」に次のような一節がある。漢文を今の言葉に直して紹介しよう。

イザナミは日神（アマテラス）、月神（ツクヨミ）、蛭子（ヒルコ。骨なし子で葦船《あしぶね》に乗せて流される）、スサノヲを産んだ。その後、紀州有間（有馬）村の産田宮《うぶたのみや》で火神（カグツチ）を産んだ時に火傷をして隠れられた。その霊魂は大般涅槃岩屋《だいはんねはんいわや》（花の窟のこと）にある。いままさにその跡があるかどうか。（第五代）孝照（孝昭）天皇二十九年の九月十五、十六の両日に影向《ようごう》（神の出現）した貴男貴女は、その霊魂である。こうした理由で、産田宮の祭礼にあたって大般涅槃岩屋に七五三《しめ》（縄）を引くのだ。

産田宮は花の窟の西方にある産田神社のこと。『熊野山略記』のこのくだりで注目すべきは「花の窟にカグツチを産んで死んだイザナミの霊魂がある」としていることだ。ただ、その跡があるかどうかについては、はっきりした言葉を避けている。

花の窟に注連縄《しめなわ》を張るのは産田神社の祭りに際してであり、現在の「お綱掛け」に直結させるのはいささか無理があろう。

「お綱掛け」では、巨岩の上から下げるお綱に、小縄《なわ》を幡《はた》の形につくった「縄の幡」が三本下げられ、それぞれアマテラス、ツクヨミ、スサノヲを表しているという。地元の伝承では、当初は朝廷から「錦の幡」が届けられていた。幡（ばん・はた）は布などを材料に高く掲げて目印や装飾にしたもの。寺院の式典などに用いられるから、仏教祭祀を想わせる。イザナミのカミ祭りには似つかわしくない気もする。

ともあれ、『熊野山略記』が編纂された中世に、花の窟が「イザナミの霊魂がやどる場所」という認識があったことは事実である。『いほぬし』の作者がイザナミについて聞いたがそれを無視した、ということでもない限り、平安中期にはなかったイザナミ伝承が中世にその形を現し始めた、といってよかろう。

近世はどうか。熊野古道の紀行文に詳しい縣《あがた》拓也氏の協力で、江戸時代の史料をいくつか調べてみた。

有馬あたりの旅日記で一番古いのは江戸初期、延宝八年（一六八〇）の『巡礼通考』という。同行六人で伊勢を回って熊野にきたらしいが、花の窟については「イザナキ、イザナミ両尊の御神所という」と記している。二神がらみの霊地ではあるが、イザナミの墓所とは言っていない。

次は『熊野独参記』だ。内容からみて元禄二年（一六八九）ごろの作品という見方があるが、作者は不明。イザナミの死後についての『記・紀』の記述を紹介した後、花の窟を「イザナミノミコトを葬り奉りし所か」と書いている。

芭蕉の門弟で蕉門十哲《しょうもんのじってつ》のひとりだった服部嵐雪は『其《その》浜ゆふ』と題する紀行文を残した。宝永二年（一七〇五）に伊勢、熊野を旅した記録である。そこでは「二鬼嶋（二木島）はたす（波田須）大とまり（大泊）をへて有馬の村にかかるに希異の霊窟あり。天人降りて常に供養せるところといふ」と記すとともに、『日本書紀』の例のくだりを引用している。

一方、享保六年（一七二一）の作で、文化八年（一八一一）に書写したと書かれている「球寿堂里丸」の名が入った『熊野詣』という旅行案内書では、花の窟を「俗にイザナミノミコトを葬りし所なり」と説明している。

こうした史料から言えるのは、十七世紀末から十八世紀初めあたりの時期に、花の窟＝イザナミの墓所という考えが芽生え、江戸中期以降に定着してきたということである。

種々の花と扇が付けられた「花の窟」の幡

3　藩主の碑は語る

花の窟がイザナミの墓と広く認識されるようになったのはいつからだろうか。さらに史料をあたってみよう。

紀州藩が編纂した地誌で江戸時代、天保期に完成した『紀伊続風土記《きいしょくふどき》』には「イザナミの御陵」であると明示されている。

○花窟　境内　東西六十五間 南北百十間　禁殺生

伊弉冉尊《いざなみのみこと》陵　拝所　鳥居

また次のような説明がついていて、現在の「お綱掛け神事」そっくりな祭りの様子が描かれている。要点を今の言葉に直してみよう。

祭日は二月二日と十月二日。昔は朝廷から毎回、錦の幡《はた》が届いたが、ある年、熊野川の洪水で幡を乗せた舟が沈没し、やむなく縄で幡の形をつくった。以来、縄幡を用いている。今、地元の人たちは、縄で三本の幡をつくり、幡の下に種々の花や扇を結びつける。（幡を下げた）長い綱は窟の上からつり下げ、下の松の木にくくりつける。歌舞のたぐいはないが「花や鼓、笛、幡旗で祭る」という（『日本書紀』が記した）故実（古《いにしえ》の儀式のやり方）を残す珍しい祭事といえる。

『紀伊続風土記』の編纂は文化三年（一八〇六）から始まり、天保十年（一八三九）に完成したという。この時期までには今の祭礼の形ができた。

①花の窟はイザナミの墓ではないか、という認識は十七世紀末くらいまでしかさかのぼれない、②現在の祭りは『紀伊続風土記』の内容を踏襲している、となると「お綱掛けは近世に始まった神事」という直木孝次郎氏の指摘が正しいことになる。

古代祭祀の研究家、岡田精司氏は「花の窟をめぐって」と題するエッセーで次のように語っている（三重大学歴史研究会「ふびと」第50号、一九九八年）。

「花の窟」イコール「イザナミの陵墓」だといいだされるのは、どうやら江戸時代に入ってからのことではないかと思われる。両者を結びつけた恐らく最初の記念物が、花の窟神社の前に立っている。それは第六代紀州藩主徳川宗直《むねなお》が享保八年（一七二三）に立てた「花の岩屋」の文字を刻んだ石碑である。恐らくこの頃までに「花の窟」が「イザナミの陵墓」であるという説が定着していたのであろう。

それ以前の確証ある史料、材料が出てくれば別だが、私は岡田氏の見解に賛同したい。

「花の岩屋」と彫った緑泥片岩《りょくでいへんがん》の石は、神社の入り口の鳥居の左手にある。これについては大正十四年（一九二五）に刊行された『南牟婁郡誌《みなみむろぐんし》』に解説がある。要旨は以下のようだ。

「花の岩屋」の四字を刻んだ石表は南龍院徳川頼宣《よりのぶ》公（初代紀州藩主）が自ら書いて建てたように伝える人がいるが、事実は第六代藩主の宗直公の時の建立である。宗直公は享保七年（一七二二）十月に熊野三山に参拝された折、花の窟にも参詣され、この神蹟《しんせき》をご覧になった。翌年に和歌山から立石を取り寄せて建てられたものだ。『熊野年代記』に「享保八年七月、若山（和歌山）から立石が届いた。花岩屋に一つ、王子岩屋に一つ、猪鼻《いのはな》王子に一つ、水呑《みずのみ》王子に一つ」とある。だからこれは（花窟神社の境内にある）王子岩屋の石表と同時に建てられたものだ。

「王子岩屋」の石は、カグツチの墓とされる囲いの中に今もある。猪鼻王子、水呑王子は、ともに熊野本宮大社に近い熊野古道の中辺路《なかへち》にあった王子社だ。

紀州藩は神道に好意的で、熊野三山の神道化をバックアップした。徳川宗直の三山参拝や石の寄進はその一環かもしれない。

花の窟は伊勢神宮と熊野速玉大社を結ぶ伊勢路沿いにある。江戸時代、伊勢路を通って那智山の青岸渡寺《せいがんとじ》を起点とする西国三十三所めぐりに入る巡礼者も少なくなかった。「イザナミの墓所」は名所PRの格好の材料になったに違いない。

有馬や花の窟は歌人にも好まれた。

神まつる花の時にやなりぬらん　ありまのむらにかかるしらゆふ　（藤原光俊）

木の国や花のいは屋に引く縄の　長くたえせぬ里の神わさ　（本居宣長）

鎌倉時代の歌人である光俊は『日本書紀』の一節をふまえて、有馬の海辺に寄せる波を「しらゆう」のようだと歌った。これも「イザナミの墓」には触れていない。

地元有馬では、「みくまのの御浜《みはま》によする白浪は花の岩屋のこれぞしらゆふ」が、平安末から鎌倉初期の人、西行の歌として知られている。だがこの歌は『山家集』や『西行法師家集』に見当たらない。

出所を調べたら、幕末に刊行された『西国三十三所名所図会《ずえ》』とわかった。「花之窟」のところに載っているが、歌の出典は書かれていないから、本人の作かどうかはっきりしない。ともあれ、この歌にも「花の窟」と「イザナミの墓」を結び付ける要素はない。

三重県松阪市にある本居宣長記念館の吉田悦之館長によれば、『古事記伝』作者の「木の国や」の歌は、寛政六年（一七九四）、宣長六十五歳のときの作である。宣長は現地に来ていないそうだが、古典知識は無論、産田神社の神官とも個人的に親しくしていたから、花の窟で催される神事を見たように描いても不思議はない。

寛政六年は徳川宗直が「花の岩屋」の石碑を建ててから七十年も経っている。宣長はそこがイザナミの墓所と言われていることは知っていたはずだ。ただ、彼が無上の書として いた『古事記』では、イザナミは出雲と伯耆（鳥取県西部）の境の比婆の山に葬られた、と記している。宣長がこの歌をどんな気持ちでつくったか、ちょっと興味をひかれる。

4 産田社の白石

三重県熊野市にある花の窟で年に二回催される「お綱掛け神事」は年々盛況になるようだ。いかにも熊野らしい祭りであり、その素朴な雰囲気も好きなので、注目を集めることは私もうれしい。

だが、古代有馬の祭祀《さいし》と「熊野型イザナミ・カグツチ神話」を考えるとき、私は花の窟よりもむしろ、そこから一キロほど西方に位置する産田《うぶた》神社を重要視したい。花の窟に比べて訪れる人もまれだが、ナギ、ホルトノキなど、暖地性の木々が生い茂る神さびた社である。

『紀伊続風土記』には牟婁《むろ》郡有馬荘奥有馬村の項に「産土《うぶすな》神社」として、次のように記されている。

○産土神社　境内周三町半　禁殺生

本社二社
伊弉冉尊《いざなみのみこと》社　方六尺
軻遇突智命《かぐつちのみこと》
伊弉諾尊《いざなきのみこと》　社　方六尺

産田社についての『紀伊続風土記』の解説を今の言葉にするとこうなる。

口《くち》有馬、奥有馬、山崎三カ所の産土神。イザナミノミコトがここでカグツチ神をお産みになったので産田と名付けられたという。そのことを示すために社を建てて両神を祀ったのだろう。イザナキノミコトはイザナミの夫神だから、後に二神に並べて祀った。永正年間（一五〇四―一五二一）の棟札《むなふだ》にも『産田二所』とあるので、古くから二社として祀っていたようだ。古くは榎本氏が代々神官として社領の地を治めてきたが、中世以来別に神主を置いた。天正の頃（十六世紀後半）、榎本氏が断絶し、また神社も戦いで焼けて、古い文書、記録類が失われたことは惜しまれる。

棟札とは社寺の建立や再建、修理のときに工事の趣旨、年月日、建築者や工匠の名を記して棟木に打ち付けられた木札である。産田神社には百枚もの棟札が残されている。一番古いのは永正十八年（一五二一）、有馬荘司榎本朝臣和泉守忠親が造営したときのもの。熊野三党ともいわれる熊野の古い家系のひとつ、榎本一族が寄進した。この棟札には「東之御前」「西之御前」とあるから、当時の産田社には二つの本殿が並んでいたことがわかる。

熊野速玉大社蔵「新宮末社之図」の中の産田社には「一ノ宮」「二ノ宮」の名で二つの本殿が並んでいる。「一ノ宮」が「東之御前」、「二ノ宮」が「西之御前」に対応するとなれば、前者にイザナミが、後者にカグツチとイザナキが祀られていたと考えられる。

『紀伊続風土記』で注目されるのは「イザナキ神は後で祭神に加えられた」と明言していることだ。熊野の特徴はイザナミ、カグツチ母子と比べて、イザナキの影がいたく薄いことである。花の窟にしてもイザナミとカグツチの「墓所」があるのに、イザナキの聖蹟《せいせき》はない。

『日本書紀』はイザナキが淡路に幽宮《かくれみや》を造ってそこに隠れられた、とする。兵庫県淡路市にある伊弉諾神宮はイザナキの幽宮をその起源としている。前に述べたように、イザナキはもともと熊野から遠い淡路島近辺で信仰されていた神だった。産田神社では「夫婦神がそろったほうが落ち着きがいい」という理由で祭神に加えられたのだろう。

私が産田神社に注目するのは、そのあたり一帯で弥生時代の出土物が多く、熊野でも早

白石の上で少女が舞う産田神社の例大祭

くから稲作が根付いた場所のひとつだからである。稲作が定着したところでは、稲の順調な生育と豊作を祈る祭祀が行われたはずだ。産田神社は稲作祭祀の場所だったのではなかろうか。

昭和三十四年（一九五九）九月二十六日、紀伊半島と東海地方を襲った伊勢湾台風は死者・行方不明者が五千人を超す大被害をもたらした。このとき、産田神社の大杉がなぎ倒され、根元にできた大穴の底から弥生式の土器片が多数出土した。また、あたりには「白石」が層をなしていたという。私はこの白石遺構は稲作の祭祀跡ではないかと思う。当時、きちんとした調査が行われなかったのは残念だ。

白石は産田神社の社殿の前に厚く、きれ

「花の窟」のイザナミ（左）とカグツチの墓所に敷き詰められた白石

いに敷かれている。花の窟のイザナミやカグツチの「墓所」を飾っているのも白石だ。熊野川をはさんで、熊野本宮大社の対岸にある「海《わだつみ》神社跡」にも白石が散らばっていた。同社は本宮の末社である。

これらの白石と海の民の信仰は関係があるのではないか。

たとえば談山《たんざん》神社がある奈良県桜井市の多武峯《とうのみね》のふもとの秋祭り「大汝《おなんじ》参り」だ。吉野川の河原で拾った石を、順番に回ってくる当屋が神社の祭礼の日まで自宅で祀る行事である。石を拾う場所には「年に一度、熊野灘の水がわき出る」という伝承が残る。多武峯は内陸地だが、熊野川をさかのぼるなどして内陸に進出、定住した海人たちが継承した祭りであろう。

白石は浜辺の心象である。そこには自分たちの祖先が上陸した海の記憶、その彼方の理想郷への思慕が込められているように思う。

有馬の浜には「昔々、稲の種が浜木綿《はまゆう》の葉に包まれて漂着した」という伝説がある。産田神社で出土した白石遺構は、古の海の民が彼らの祖先と同様に南から黒潮が運んだイネの豊作を神に祈る祭りの場だった。そう考えたい。

5　稲作の祈りが鎮魂祭に

産田神社の話を続けよう。

そこでは社殿の左右にある長方形の石組みのことがよく語られる。古代の神籬《ひもろぎ》（神の宿る場所）だと語られる。昭和三十二年に調査した小野祖教《もとのり》国学院大学教授が「日本に二か所しかない」と鑑定したのが話題になった。第十代崇神《すじん》天皇時代の祭祀の場所、といった説もある。

これらは疑問のある鑑定・解説だと思う。もう一か所は東北というが、それが東北のどこかもはっきりしない。第一そんな古い祭祀跡なら地下に埋もれているはずで、地表にあるというのは解せない。

津ノ森遺跡の出土品（熊野市歴史民俗資料館）

「お墨付き」をありがたがるより、伊勢湾台風のとき、根こそぎ倒れた大杉の根元の穴から見つかったという白石遺構を重視すべきだろう。

産田神社の近くに津ノ森遺跡がある。弥生時代は舌のような形に突き出た大地の上に位置し、その周りは浅い沼地だったという。津ノ森からは弥生中・後期の土器のほかに次のような出土品があった。

▽石庖丁《いしぼうちょう》＝緑泥片岩《りょくでいへんがん》製。『熊野市史』は「本器によって穂摘みされたものは、稲であったに違いない。有馬の稲作を遺物でもって証明した」と述べている。

▽勾玉彷《まがたまぼう》製品＝滑石製。上部に穴があいている。熊野には和歌山県那智勝浦町の下《しも》里《さと》古墳などを除けば古墳がごく少ない。し

かし、『熊野市史』の筆者は勾玉彷製品を「古墳内の遺体に副葬品として安置されていたもの」と推測している。
▽銅鐸《どうたく》形石製品＝砂岩が素材。ひもを通す穴や装飾がないので何に用いられたかわからないが、『熊野市史』は「明らかに小型銅鐸を意識している」という。
勾玉のような石や銅鐸の形をした石製品は稲作祭祀にも用いられたのではなかろうか。それを使ったのはどんな人たちだったのだろう。有馬町の海岸地帯では縄文土器の破片も見つかっているから、彼らの祖先は弥生以前に到着していた可能性もある。

いずれにしても黒潮に乗って南方からやってきた人びとだ。彼らがインドネシア方面から「女神が死んで、そこから作物（豊穣）がもたらされた」という内容の神話を伝えた。「女神と豊穣」は熊野独自の神格「結早玉（結玉）」に育ち、熊野三山の地に影響を与えた。私はそう考える。

「舌のように大地が突き出し、周りに浅い沼地が広がっていた」という津ノ森の地形は、定住や初期の稲作に都合のよい環境だった。今の産田神社のあたりで行われていた祭祀は、種まき前の春の祈りと収穫後の神への感謝から成っていたのではなかろうか。

花の窟の「お綱掛け神事」は二月二日と十月二日に催される。産田神社あたりにあった祭祀場で春と秋に行われた祭りが「お綱掛け神事」の原型だったと推測される。「産田」

の名称も「イザナミがカグツチを産んだところだから」とされる以前に、「田を産む」、すなわち稲作の拡大発展を願う命名だったと思う。

想像をたくましくすると、有馬・産田で行われていた稲作祭祀は『日本書紀』の一書が描いたような花や音曲を用いるにぎやかな祭りだったのではなかろうか。『日本書紀』は有馬村の人びとが、イザナミの魂《みたま》を祭るにあたって「鼓や笛をかなで、幡旗をもって歌い舞った」としている。風変わりでにぎやかな稲作祭祀の模様を、だれかが大和の朝廷に伝え、それがイザナミの鎮魂祭に書き換えられたということだろう。

祭りの様子を朝廷に伝えたのはだれだろうか。『日本書紀』が編纂された八世紀初頭は、葛城山で修行したという役行者《えんのぎょうじゃ》の後継者らを除けば修験者もまだまれだったし、修行僧も熊野までは入っていなかったのではなかろうか。『日本霊異記《りょういき》』に出てくる永興禅師《えいごうぜんじ》が「熊野の村」にいたのは、第四十八代称徳天皇のころというから八世紀の後半になる。

となると「有馬の風変わりな祭り」を大和に伝えたのは、祖先が海からやってきて、次第に内陸各地に定着していった海の民ではないか。彼らは熊野川の下流からその上流へ、そして吉野川の上流域などに拠点を広げ、独自のネットワークをもっていただろう。

神日本磐余彦《かむやまといわれびこ》（神武天皇）の英雄譚《えいゆうたん》に代表されるヤマト王権創始者たちの大和への進攻を手助けしたり、壬申《じんしん》の乱に先だって吉野に逃げた大海人皇子《おおあまのみこ》（後の天武天皇）を守ったりしたのも、こうした海の民だった。

熊野の歴史文化に詳しい花尻薫氏は、「持統天皇自身が、有馬の珍しい祭りの話を聞いたのではないか」という。

『日本書紀』にこんな記事がある。

持統天皇六年（六九二）五月六日、阿胡行宮《あごのかりみや》（旧志摩国英虞郡のほか、熊野市甫母《ほぼ》町にある阿古師《あこし》神社など、その所在には諸説ある）に行幸されたとき、紀伊国牟婁郡の阿古志《あこしの》海部河瀬麻呂《あまのかわせまろ》ら兄弟三戸が海産物を献上した。天皇は彼らの調役《ちょうえき》や徭役《ようえき》を十年間免除した。

彼らが今の阿古師神社あたりにいた海人だとすれば、そこは有馬村からさほど遠くない。花尻氏が推測するゆえんだ。

6　本宮の「挑花」に注目

古代、有馬で行われていた祭りは、花と音曲に舞も加わるにぎやかなものだった。もともと稲作祭祀だったのが『日本書紀』に取り入れられ、イザナミの鎮魂と結び付けられた。私はそう思う。

とくに興味を覚えるのは「季節の花」が用いられることである。

国文学者、民俗学者で歌人でもあった折口信夫《おりくちしのぶ》は「花祭りの花は、稲の花の象徴でもある」という。奥三河（愛知県北設楽郡《きたしたらぐん》）の各地で十一月から三月に行われる花祭《はなまつり》（霜月神楽《しもつきかぐら》）について語った文章の一節だ。

彼は、「三河の奥の花祭りは、冬から春に変る時に、稲の花の様子を示す祭りである。山人が、豫め《あらかじ》準備して置いた竹棒の先に、花をつけて、其《それ》で土地を突いて歩く。此《これ》が中心行事で、土地の精霊が其に感応して、五穀を立派に為《な》し上げると言ふ信仰であった」と書いている（『折口信夫全集』第二巻「花の話」中央公論社、一九六五年）。

先に紹介した『紀伊続風土記』は、花の窟で二月二日と十月二日に行われる神事について「縄を編んで三本の幡《はた》の形をつくり、幡の下に種々の花や扇を結びつける」と描写する。今の「お綱掛け神事」と同じ形だ。

一方、幕末の嘉永六年（一八五三）に刊行された『西国三十三所名所図会』の花の窟の祭りの説明文では、「神官はじめ村中の男女花を備ふること恰《あたか》も岳《をか》のごとし。是《これ》神代よりの風《ならは》しなりと。故《なるがゆへ》に花の窟といふなるべし」とある。

山のように花を用意して縄幡にぶら下げた、ともとれるが、花を積み上げるようにして祭った可能性もあろう。

熊野本宮大社例大祭で神輿の前後に随行する「挑花」

　そこで思い当たるのが熊野本宮大社で四月十三日から十五日に催される例大祭である。十五日午後、神霊が本殿前から旧社地（大斎原《おおゆのはら》）へ渡御するが、宮司らのその行列の中に「挑花《ちょうばな》」が何本も入るのだ。「挑花」とは柱の上につけた木箱に色とりどりの造花を山のように差したもの。それを男性が担ぐ。

　本宮大社が作成したパンフレットには、「社伝によれば、家津御子《けつみこ》大神が当社に御鎮座になられたとき、『我を祭るに母神（イザナミの命）をも同じく祀れ』と申されたという故事により、熊野市有馬にある花窟から本宮にお迎えし、花を奉じ、鼓・笛・幡旗をもって母神の御霊《みたま》祭りを行うようになりましたが、このときに用いる花を

『挑花』といいます」と書いてある。

「イザナミを有馬からお迎えした」という伝承については、後にその意味や起源を考えるとして、本宮の例祭で用いられる花が有馬と関わっていることが興味深い。

私は古代の有馬村で行われていた稲作祭祀の「花」は、現在のように縄の幡に下げるやりかたでなしに、『挑花』のように盛り上げる形だったのではないかと推測している。その点では『紀伊続風土記』より『西国三十三所名所図会』の表現のほうが、古代のやり方を連想させる。また、オリジナルが地元で変形し、かえって遠方の祭りに形を残すのは、あり得ることだ。

熊野本宮大社の九鬼家隆宮司の話では、以前は旧社地での神事の後、神輿《みこし》の左右に立てておいた「挑花」を外し、氏子の代表たちが抱えて参拝者に突き出す。参拝者はそれを奪い合った。挑花を田んぼの隅に差しておくと虫害が避けられ、豊穣がもたらされる、と信じられてきた。昭和四十年代の末に、参拝者の一人が目を突いてけがをした。以来、奪い合いをやめにして餅ほり（餅まき）で赤餅を拾った人に渡すことにした、という。虫害を防ぐというあたり、「花」と「稲作」の縁は深い。

四月十五日は、旧社地での斎庭《さいてい》神事で氏子の家の男児四人が榊《さかき》を手に「大和舞」を舞う。そのときに歌われる「有馬窟《ありまのいわや》の歌」と「花の窟の歌」も、有馬と本宮大社の結び付きを感じさせる。

「有馬窟」と「花の窟」の歌は、七月十四日の熊野那智大社の火祭り（扇祭り）でも男児四人による「沙庭舞《さにわのまい》」に合わせて歌われる。歌詞はほぼ同じだ。

那智大社の「沙庭舞」は、重要無形文化財に指定された「那智田楽」とともに、十三日の宵宮と翌日の本祭の午前中に披露される。

「有馬と熊野三山」の結び付きはこの連載のメーンテーマだから、これからもたびたび言及するつもりだが、ここでは本宮の例大祭で歌われる二曲を記しておこう。

「有馬窟の歌」

有馬や祭りは　花の幡立て
笛に鼓に
うたひ舞ひ　うたひ舞ひ

「花の窟の歌」

花のや岩屋は　神の岩屋ぞ
祝へや子供

祝へ子等　祝へ子等

ひとつ断っておきたい。

本宮大社に花の窟から母神イザナミを迎えたという伝承が残り、本宮や那智山に有馬や花の窟の歌が残っているからといって、それらが熊野三山の創始に関わる古い時代の名残りだと主張するつもりはない。

有馬は熊野三山の信仰のゆかりの地ではあるが、「花の窟＝イザナミの墓」が定着したのは近世であるように、有馬と三山の結び付き、縁起話の中には後世の作もありうる。そのあたりの仕分けをしながら、熊野三山創始の謎に迫っていきたい。

7　神話の里を散策

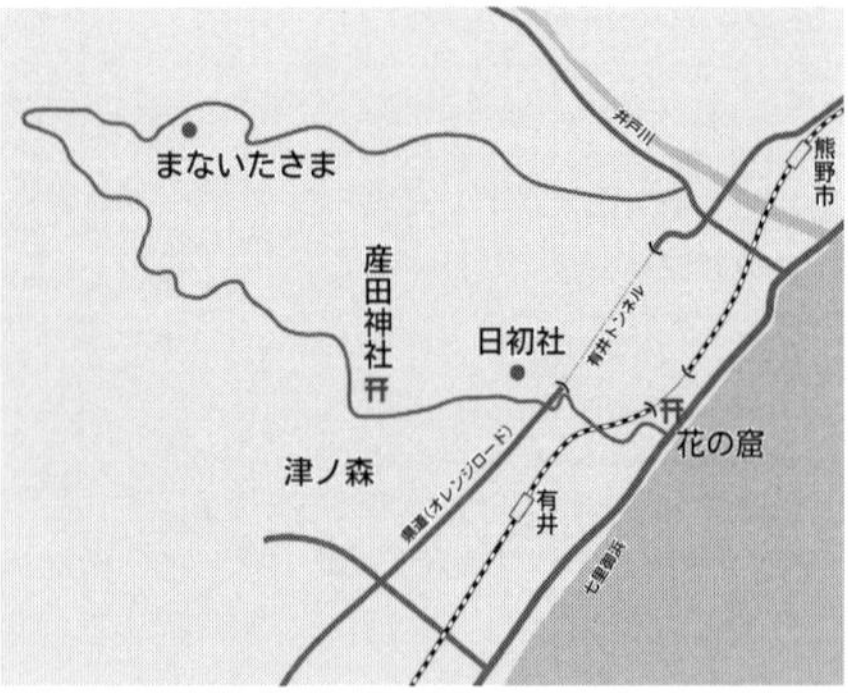

花の窟や産田神社のある有馬は、『日本書紀』に「熊野の有馬村」と村名が出てくる古い土地柄だ。

今の熊野市有馬町はＪＲ紀勢線の有井駅をはさんで、七里御浜《しちりみはま》から東西に細く延びる区域である。有馬平とも呼ばれるこのあたりは、山が海岸線に迫る熊野では数少ない平地だ。このため黒潮に乗ってやってきた古代人が早くから定着した。海岸部で発見された縄文土器の破片がそれを物語る。津ノ森遺跡からは弥生時代中期から古墳時代にかけての土器や石器が数多く出土し、米作りの歴史の古さを示している。

有馬にはこんな伝説がある。

七里御浜で釣りをしていたイザナギノミコトの前に、浜木綿の葉に包まれた稲穂が流れ着いた。「何の草の実だろう」と口に入れると甘くておいしい。「これはイノチのタネだ」と喜んだミコトは、有馬の大池のなぎさ一面にタネをまいた。秋になると黄金の波が輝き、人びとが「花のハタ立て、フエにツヅミで歌い舞う」大祭が行われるようになった。これが日本の米作りの始まりである（平八州史《たいらやすし》著『伝説の熊野』熊野文化協会、一九七三年の話を要約）。

郷土熊野の歴史や民俗について膨大な資料を収集した平氏は、「神名イザナギ、イザナミは要するに種のおじさん、種のおばさんというほどの愛称、敬称ではあるまいか。サナはサネ、タネの意味、語尾のギ、ミは男女をあらわす」（平八州史編『復刻 新くまの風土記』熊野市教育委員会、一九八二年）と述べている。有馬ならではの解釈といえよう。

花の窟、産田神社など神話の舞台らしく、このあたりには『記・紀』神話がらみの社や旧跡が少なくない。たとえば、熊野市金山町にある金山神社だ。祭神は金山彦神、イザナミが火傷の苦しみの中で嘔吐《おうと》したときに誕生した神である。吐瀉物《としゃぶつ》が金属の塊を連想させるからだろうか。この神は鉱山や鍛冶関係者が信奉する。

産田神社の奥の山中には「まないたさま」と呼ばれ、婦人の病に効能があり、子宝にも恵まれるという場所がある。沢の流れの脇に大岩が横に重なり、その中に長方形の石が入っている不思議なところだ。古く有馬の地で稲作を始めた人びとが水源としてあがめたところだったのではなかろうか。

「まないたさま」は「天の真名井《あめのまない》」が元の名だろう。天の真名井は、アマテラスとスサノヲが高天原で自身の正邪を判定する「誓約《うけい》」をしたときに、その聖なる水を使ったという井戸である。水源信仰に『記・紀』神話が重なった、と考えられる。

私の有馬散策の狙いは「日初社《ひそめしゃ》」だった。花の窟と産田神社の間の丘陵の斜面に、ちょっと心ひかれる名前の神社跡があると聞いて、現場を訪ねてみたくなったのだ。そこも『記・紀』神話に関係しているという。地元の山川雅史氏が案内してくれた。

花の窟から熊野本宮大社に向かう昔の街道を進むと、直角に折れる角がある。地名も曲角《まがりど》。以前、海岸にある獅子岩《ししいわ》の裏手に遊郭があった。奥地からやってきた農民たちは曲

日初社跡（三重県熊野市有馬町）

角で野良着を脱ぎ、おめかしして遊びに行ったそうだ。

紀勢線の踏切を越えて山裾の細い生活道に入った。旧家の前に水場があり、白石が積んであった。県道（オレンジロード）の有井トンネルの工事で水源が断たれてしまった。しかし地下水に恵まれた土地とみえて、すぐそばに今も使われている水場があった。地名は有馬町清水川。古代の米作りにも使われたのだろう。

トンネルの出口付近で県道の下をくぐると、小高い場所に出た。有馬の平地が一望できる。熊野市消防本部の場所あたりが少し低くなっているのがわかる。低地は昔「山崎沼」といわれた沼地で、池辺村という地名もあった。古代人は岸辺に近い沼地で原始的な稲作を始めたと思われる。

めざす日初社跡はもう少し上にあるというので、ミカン畑をのぼった。山川氏も久しぶりとあって、すぐにはわからない。竹やぶの中を探して、傾斜地に高さ一メートルほどの四角柱が立っているのを見つけた。そこが社跡だった。柱の上部には丸っこい石が乗っている。

そこいらは、『古事記』に出てくる黄泉比良坂《よもつひらさか》だと言い伝えられてきた。黄泉《よみ》の国でイザナミの変わり果てた姿を見て怖くなったイザナキは、ほうほうの体《てい》で逃げ帰った。黄泉比良坂は死者の国と現世を分ける坂である。そこでイザナキは桃の実を投げつけて追手を退散させた。古代人は、桃に邪気を退ける呪力があると信じていた。そんな物語を思い出していたら、日初社跡を示す石柱の上に乗った丸っこい石が桃に見えてきた。

イザナミは逃げる夫を黄泉醜女《よもつしこめ》(『日本書紀』には「泉津日狭女《よもつひさめ》」ともいう、とある)たちに追いかけさせる。ヒソメはシコメ、ヒサメに由来する名だろうか。それとも古来の太陽信仰の「日」に由来するのだろうか。花の窟は太古の太陽信仰の場所だった、という説がある。太陽信仰が『記・紀』神話と重なり、「醜女」「日狭」を元に「日初」と名付けたのかもしれない。日初社がいつごろ建てられたのかはよくわからない。

花の窟は近世から明治時代にかけて修験者の修行の地だったり、海岸寺という寺院の一部だったりした。

「皇祖神の母神の霊地の扱いが悪すぎる。顕彰、昇格すべきだ」という運動が明治の中ごろに起こり、明治三十四年（一九〇一）に「花の窟保存会」が設立された。「保存会」は、会長の東久世通禧《ひがしくぜみちとみ》伯爵らが現地に詣でるなど一時盛り上がった。しかし、日露戦争で運動の中断を余儀なくされた。

父親が顕彰昇格運動に生涯を捧げた、と語る村山松枝氏の著書『花の窟』（碧松庵、一九七四年）によれば、花の窟の周辺には水の神（ミツハノメ）、土の神（ハニヤマビメ）など、イザナミに関わる神々をそれぞれ祀る社があった。しかし合祀されたり、田畑になったりして多くが失われたそうだ。

今は石柱のみになったとはいえ、日初社跡は「イザナミワールド」有馬を物語る遺構のひとつである。

Ⅳ　河口の神

1　勘文が残した縁起

有馬の散策から戻り、熊野の古代史を訪ねる旅を続ける。

「女神（地母神）が死んで、そこから作物（豊穣《ほうじょう》）がもたらされた」という神話が黒潮に乗って南方の島からやってきた。この南方神話は有馬の地で早くから始まった稲作祭祀と結び付き、「結早玉《むすびはやたま》（結玉）」という熊野独自の神格に発展した。それは『記・紀』のイザナミ・カグツチ神話と合体し、さらにはイザナキ・イザナミ神話とも重なっていく。私はそんなふうに考えている。

「結早玉」は十世紀末に書かれたとされる『三宝絵詞《さんぼうえことば》』に「紀伊国牟婁《むろ》郡にいます神」としてその名を現す。そのことは先に述べた。次なる登場は、十二世紀の『長寛勘文《ちょうかんかんもん》』という史料の中で引用された「熊野権現御垂跡縁起《ごすいじゃくえんぎ》」である。

勘文とは平安時代、朝廷の諮問《しもん》に対して有識者が由来や先例、古文書などを調べて上申した意見書のことだ。長寛年間（一一六三―一一六五）に編纂されたから長寛勘文という。

論争の発端となった事件は、甲斐国《かいのくに》八代荘（現・山梨県笛吹市八代町）で起きた。そこに朝廷の承認を得たうえ熊野本宮大社に寄進された荘園があった。しかし新たに甲斐守《かいのかみ》に任じられた藤原忠重は配下の中原清弘に命じて荘園に侵入、年貢を強奪し、荘園の管理者らに乱暴を働いた。これに対して熊野山側が朝廷に提訴した。

当初、明法《みょうぼう》博士の中原業倫《なりみち》は熊野を伊勢神宮と並ぶ「大社」と認定し、伊勢と「同体・同格」の熊野の財産を侵した大罪として、関係者を死刑にすべきだと上申した。

事件は藤原忠重が伊予国に配流《はいる》になるなど国司側の敗北で幕を閉じたが、「伊勢と熊野の神は同体」とした中原業倫の勘文が波紋を呼び、果たして双方は「同体」か「非同体」か、をめぐって何人もの学者がそれぞれ勘文を出す騒ぎになった。

侃侃諤諤《かんかんがくがく》の議論があった中で、式部大輔《しきぶたいふ》の藤原永範《ながのり》が上申した勘文に「熊野権現御垂跡縁起」（以下「縁起」）が引用されたのである。

「縁起」は、熊野の神が唐の天台山から日本に渡り、九州・四国・淡路などを経て熊野川の河口に降臨。後に本宮大社の旧社地である大斎原《おおゆのはら》に至って狩人に自らを「熊野権現」と名乗る、といった筋である。

貴禰谷神社（三重県紀宝町鵜殿）

この「縁起」は他に残っていないので、『長寛勘文』がなければ今日に伝わらなかった。少し長くなるけれど、熊野三山の創始を考えるうえで重要な史料だから、日付などを省いた全容を今の言葉に直して紹介したい。「縁起」に出てくる地名は、江戸時代に編纂された一大叢書《そうしょ》『群書類従』（巻第四百六十三）によった。

その昔、唐の天台山の王子信（地主神）が日本に飛来した。まず九州の日子の山峯（福岡・大分県境にある英彦山《ひこさん》）に天降《あまくだ》った。その形は八角形で高さ三尺六寸の水晶の石だった。五年後、神は伊予国の石鐵《いしづち》の峯（四国の最高峰・石《いし》鎚山《づちやま》）に渡られた。六年経って今度は淡路国の遊鶴羽《ゆづるは》の峯（諭鶴羽山《ゆづるはざん》）に降りられ、そこで六年過ごされた。次に紀伊国無漏《むろ》（牟婁）郡切部山《きりめやま》（和歌山県印南町《いなみちょう》の切目王子あたり）の西の海の北岸の玉那木の淵の上に立つ松の木に渡られた。

その五十七年後、神は熊野新宮の南の神蔵峯《かみくらのみね》（御燈祭《おとうまつり》で有名な新宮市の神倉山）に降りられた。そこに六十一年おられた後に、新宮の東方に鎮座する阿須《あす》（須）加《か》の社（阿須賀神社）の北、石淵《やぶち》の谷（熊野川の対岸、三重県紀宝町鵜殿《うどの》の貴禰谷《きねがたに》神社付近）に勧請《かんじょう》された。神は初め結玉《むすびたま》、家津美御子《けつみみこ》と申し上げ、二宇の社に祀られた。

そこで十三年が過ぎ、次に本宮の大湯原（旧社地・大斎原）に立つ一位（イチイ）の木の三本の梢《こずえ》に三枚の月形として天降られた。

八年経ったある日、石多河《いわたがわ》の南、河内の住人だった熊野部の千與定《ちよさだ》（千与定・千代定）という犬飼（狩人）が長さ一丈五尺（四・五メートル）もの大猪を射た。犬飼は猪を追って石多河をさかのぼった。大湯原に至ると、猪は一位の木のもとで倒れて死んでいた。犬飼はその肉を食べ、木の下で一夜を過ごした。

ふと見上げると、梢の間に月が三つに分かれてあるではないか。千與定は月に向かって「なぜ虚空を離れてそんなところにいらっしゃるのですか」と尋ねたところ、月はこう答えた。

「我は熊野三所権現である。一社は證誠大菩薩《しょうじょうだいぼさつ》で、二枚の月は両所権現である」。

2 縁起に混在する古伝承

「熊野権現御垂跡縁起」に登場する英彦山（九州）、石鎚山（四国）、諭鶴羽山（淡路島）などは、それぞれ修験道の聖地である。唐から飛来した熊野権現はそうした山々を経て、修験者のメッカである熊野本宮大社の旧社地の中洲で自身の正体を狩人に明かす。そんな筋立ては、この話が修験道と深く結び付いていることを物語る。

それは「縁起」の成立年代をも示唆する。『長寛勘文』は十二世紀中ごろの文書だ。そこに入っている「縁起」の成立が『長寛勘文』以前であることは間違いなかろうが、さほど離れた時代とも思えない。

「権現」とは仏が衆生を救うため仮の姿で現れる神号のひとつだ。神の本来の姿は仏だとする本地垂迹《ほんじすいじゃく》説を基にしているから仏教色が強い。本宮の旧社地で「我は熊野三所権現である」と名乗った神は「三所」の意味を「證誠大菩薩」と「両所権現」と説明する。それぞれ本宮の本地仏とされた阿弥陀如来と、新宮、那智の本地仏とされた薬師如来、千手観音に対応している。

「熊野権現御垂跡縁起」の成立が、たとえば平安中期より以前にまでさかのぼれないとしても、熊野三山の創始を探るうえでの史料価値が下がるわけではない。それどころか、「縁起」には熊野本宮大社と熊野速玉大社の歴史を語る大事なヒントが含まれている。つまり、「縁起」には両社についての古い言い伝えが混在しているようなのだ。

修験道の研究者宮家準《ひとし》氏は、この「縁起」のうち「熊野の部分の話は、新宮に焦点をおいた縁起と、本宮に焦点をおいた縁起の二つのものが、一つにまとめられた」ものと推理している（『大峰修験道の研究』佼成出版社、一九八八年）。

注目されるのは、熊野川の河口で「結玉と家津美御子」の二社に祀られた神が、上流の中洲では自らを熊野三所権現と名乗るとともに、それを「證誠大菩薩と両所権現」と称したことだ。

現在、本宮大社の主祭神は正面の證誠殿《しょうじょうでん》に祀られている家津御子（家津美御子）である。両所権現、つまり「結玉」の「玉」が速玉大社の主祭神・速玉大神に、「結」が那智大社の主祭神・夫須美大神になった。

「縁起」よりおそらく早く、十世紀末に成立した『三宝絵詞』では「熊野両所（結早玉）」と「証誠一所」に分けられていた。どうやら本宮大社の神は、私が「そのルーツが南洋にある」とにらんでいる「結早玉（結玉）」とは出自や性格が異なるようだ。そのあたりのことは「一所はそへる社《やしろ》なり」という『三宝絵詞』の不思議な解説の意味するところともに、この先で考察してみたい。

本宮大社と速玉大社は、社名の由来も含めて、その昇格や創始の古さを競ってきた。

速玉大社では「熊野三所大神が神代のころ神倉山に降臨され、（第十二代）景行天皇のときに現在地に建てた社殿にお遷《うつ》りになったので新宮と号する。単に旧い宮から新しい宮に遷したのではない。まして熊野本宮に対する呼び名でもない」（二〇〇八年発行「熊野速玉大社の御由緒」の要約）としている。

一方の本宮大社について、『扶桑略記《ふそうりゃくき》』『帝王編年記』『水鏡』などはその創建を第十代の崇神《すじん》天皇の時代としている。むろん根拠のない言い伝えだが、平安時代の上皇や法皇の熊野御幸《ごこう》が本宮参拝を主な目的としたことなども合わせて、地元には「こちらが本家だ」という意識が多少ともあるのではなかろうか。

だが、張り合う必要などないと思う。これから述べるように私は次のように考えているからである。

「結早玉」は有馬の地からまず、熊野川の河口に伝えられ、その後に上流に移った。ところが今の新宮の地にも、本宮の地にも、「結早玉」という新来の神（今来《いまき》の神）がやってくる前からそれぞれ元々の神（本《もと》つ神）がいた。

河口や上流の中洲の「本つ神」に迫る前に、『長寛勘文』を紹介したときに言い残した伊勢と熊野の「同体」「非同体」論争に触れておこう。それは花の窟にも関わることだからだ。

今から見ると、同体論にはこじつけの感が強く、その理屈には無理がある。同体論は「イザナミが有馬に葬られた」という『日本書紀』の記述を重視し、①イザナミはアマテラスの母である、②イザナミは伊勢神宮と熊野で祀られている、③ゆえに伊勢と熊野は同神である、といった理屈だ。

それに対して非同体論者の主張はだいたいいえば次のようなものだった。①イザナキを祀っている淡路島の伊弉諾神宮は貞観元年（八五九）に最高の神位・一品《いっぽん》を授かった。もし有馬がイザナミの墓所ならば、なぜ淡路と同等に遇されないのか、②伊勢神宮は別格で、一般の社のような扱いを受けることもない。それだけをとっても同格論はおかしい、③伊勢は私幣を受けず、仏事も忌避《きひ》している。なんでもありの熊野とは違う、④熊野にいたという高倉下《たかくらじ》（物部系で、熊野に上陸したとき苦戦に陥った神武軍を助けた）は熊野権現というべきものだ。彼はアマテラスの子孫・神武天皇に帰順した。君と臣下が同体などという話は聞いたことがない。

それぞれ同体論の痛いところを突いている。先に述べたように、明治時代に花の窟（花窟神社）の顕彰昇格運動が起こった。「伊弉諾神社が官幣《かんぺい》大社なのに、どうしてこちらは無格社なのか。国家奉幣の神社にしてもらいたい」という働きかけだった。

昇格運動は日露戦争で腰を折られ、その後も戦争続きで立ち消え状態のまま戦後を迎えた。でも、熊野と伊勢路が近年注目され、「お綱掛け神事」も盛況になってきたのだから、神様の位などどうでもいいだろう。

3　新来の神に新たな名前

有馬で根付いた稲作祭祀は、その神格「結早玉（結玉）」とともに周辺に伝播《でんぱ》していった。といっても山が海に迫る熊野では稲作の適地は多くない。有馬から伝わるとしたら、まず海岸沿いの平地をたどって熊野川の河口へ向かったのではなかろうか。有馬から河口までは二十キロほどしかない。

河口付近に「結早玉」信仰が定着したのがいつだったかはわからない。だが地母神とその子というコンビの神格が、熊野速玉大社の創始の神だったことを想像させる古い史料がある。平安時代につくられた法制書『新抄格勅符抄《しんしょうきゃくちょくふしょう》』だ。その中に、全国の社寺の封戸《ふこ》（律令制で封禄《ほうろく》として与えた戸。そこからの租税が社寺の収入になる）を記した大同元年（八〇六）の牒《ちょう》（公文書）があり、次のように記されている。

熊野牟須美《むすび》神　四戸　紀伊　天平神護二年奉レ充《あてたてまつる》

（中略）

速玉神　四戸　紀伊　神護二年九月廿四日奉レ充

これは熊野の神に朝廷が神戸《かんべ》を与えた、言葉を変えれば、その神（神社）を公認した最初の記録である。天平神護二年は七六六年にあたる。ふたつは同じ年の出来事だろう。

封戸の二神がフスミ＝ムスビ（結）と速玉であることに注目してほしい。「結早玉（結玉）」は奈良時代に「熊野牟須美神」「速玉神」の二神に分かれて定着し、信奉されていたのである。先に紹介した『三宝絵詞』や「熊野権現御垂跡縁起」には熊野独自の古い神格が文中に盛り込まれていたというわけだ。

「牟須美神」と「速玉神」が祀られたところは今の速玉大社の場所だったのではなかろうか。しかし「結早玉」がそこに遷座する前に熊野川河口には「先住の神（本《もと》つ神）」がいた、と私は考えている。そこへ稲作という先端技術を背景とした新しい強力な神「結早玉」がやってきた。その影響力は古い神を押しのけるほど大きかった。

速玉大社が発行した「熊野速玉大社の御由緒」は「熊野権現御垂跡縁起」や「第十二代景行天皇の時代に新しい社殿を建てた」という伝承などをもとに、「神倉山に降臨された神々が、今の社地に建てられた新宮《にいみや》にお遷《うつ》りになった」と述べている。

神倉神社の御燈祭

「御燈祭《おとうまつり》」の舞台となる神倉山は山上に巨岩ゴトビキ岩が鎮座する。岩の周辺から平安時代の経筒《きょうづつ》などが出土し、その下層から銅鐸《どうたく》の破片も発掘された。その祭祀の歴史が古いことは間違いない。ゴトビキ岩は海からもよく見える。古代、海辺に定着した民が自分の舟の位置を確認する「山たて（山あて）」の対象として崇拝したのが祭祀の始まりかもしれない。神倉山に対しての新宮であるという解釈もありうるだろう。

だが私は、熊野川河口で祀られていた「本つ神」に対し、新たにやってきた「今来の神＝結早玉」のためにつくられたのが現在の新宮の始まりではないか、と考える。

「御垂跡縁起」の神は降臨した、つまり

「垂直的」に動いた。それに対して熊野川河口の神は海から寄り来る、「水平的」に移動する神のような気がする。毎年十月の速玉大社の神馬渡御式・御船祭に神倉山は関わらない。一方、白装束の男たちが松明を手に石段を駆け下る二月の御燈祭は、熊野権現の降下を再現するかのような祭典だ。新宮の地には「水平」と「垂直」の神意が重なっている。

河口の「本つ神」がどんな神だったかを語る前に、はっきりさせておきたいことがある。それは『新抄格勅符抄』に載った二神がどの神社の神だったかという問題だ。

「速玉神」が新宮の神であることに異論はなかろうが、「牟須美神」については研究者の間で、「これも新宮の神」という見方と、「こちらは本宮の神だ」という意見が割れているのである。

たとえば宮家準氏や近藤喜博氏は前者、和田萃《あつむ》氏や小山靖憲氏らは後者という考えのようだ。

宮家氏は「日本歴史叢書」の『熊野修験』（吉川弘文館、一九九二年）で、「この二神は現在の新宮に比定され、熊野神邑《しんそん》（新宮市）に二社が一緒にまつられていたと推定される」と書いている。

近藤氏は『熊野』（原書房、一九八二年）の論文「熊野三山の成立」で、「本宮の主神は家《け》津美御子《つみみこ》神で古来変化があったとは思えないし、この時の牟須美神を那智山祭神に比定するのもおかしい」といった理由で「新抄格勅符抄の二神は新宮の祭神を示したもの」と判断する。

一方、和田氏は編著の『熊野権現』（筑摩書房、一九八八年）で、「天平神護二年には、両社がすでに鎮座していたことを確認できる」と述べる。

また小山氏は、「本宮の神の古名である牟須美神はいつしか忘れられ、九世紀半ば以降もっぱら熊野坐神《くまのにますかみ》と称していたが、平安時代後期になって那智が注目されるようになると、いったん廃止された牟須美神が、那智の神格を表すものとして再利用されるにいたったのである」と語っている（『熊野古道』岩波新書、二〇〇〇年）。

「本宮で忘れられた牟須美神が那智で再利用された」というのは、『和歌山県史　原始・古代』編（一九九四年）の中で、執筆者の一人である薗田香融氏が示した見解だ。

確かに『新抄格勅符抄』の書き方はまぎらわしい。「牟須美神」と「速玉神」の間に別の場所の神々の封戸が記載されているし、同じ年の封戸とみられるものの「速玉神」にはその月日が入り、「牟須美神」にはない。だからといって、このときの二神を本宮と新宮に分けるのはやや無理がある。「牟須美神はもともと本宮の神だったが、いったん忘れられ、後に再利用された」という説も苦しい。

熊野は飛鳥や奈良の朝廷からは遠い地域だった。大同元年の牒を見ると、同じ紀伊国の中でも日前神《ひのくま》（五十六戸）、国懸須神《くにかかす》（六十戸）＝和歌山市の日前・国懸神宮の祭神、伊太祁《いたき》曽《そ》神（五十四戸）＝同市・伊太祁曽神社の祭神、などの封戸とくらべると、「牟須美神」「速玉神」の封戸はそれぞれ四戸といたく少ない。このことは、熊野への大和の朝廷の関心度がまだ低かったことを示している。

それでも本宮のある山間地に比べれば、海岸沿いの地域の情報は中央に入りやすかったろう。天平神護年代はまだ本宮の存在やその神は朝廷の「関心外」だったと思われる。新宮の神（速玉神）と本宮の神（熊野坐神）はその後、「出世レース（昇格競争）」を演じるが、当初一歩先んじた速玉神が熊野坐神に追いかけられ、天慶三年（九四〇）最高位の正一位で並ぶという展開をたどる。

こうしたもろもろの状況を考慮に入れると、「熊野牟須美神」と「速玉神」は同じ社に祀られた二神で、合わせて八戸の神戸を与えられたとするのがもっとも自然だろう。有馬からやってきた「結早玉」は、熊野川河口の地で「神様らしい」名前を得て、朝廷にも認知されたのである。

4　洪水を防ぐ祈り

奈良時代の天平神護二年（七六六）、今の速玉大社（新宮）の場所に祀られていた熊野牟須美神と速玉神がそれぞれ四戸の封戸を大和の朝廷から授かった。それは有馬から遷座した「結早玉（結玉）」神が進化・発展した神々であった。「結早玉」神とその信仰が熊野川河口まで到達したのがいつかはわからないが、少なくとも天平神護二年より早い時期だ。しかし「結早玉」神を迎えた河口には、すでに彼らの神が祀られていた。「結早玉」は「今来（新来）の神」だったのである。

河口の「本つ神」はどんな神だったか。それは「海から寄り来る」性格の神だったと思う。有馬と同様に、河口の人びとの祖先も黒潮に乗ってやってきた。自分たちの祖先が到来した海の彼方に理想郷がある。その名は時代や宗教とともに常世《とこよ》、妣《はは》の国、補陀落《ふだらく》などと呼ばれたが、海の民の水平線を見つめる熱い眼差しは変わらなかった。海の彼方から善きもの、尊きも

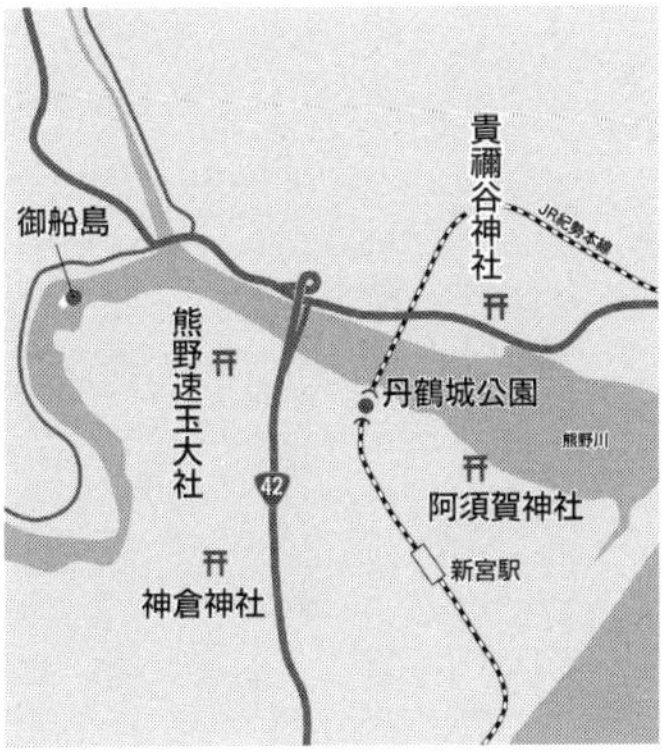

熊野阿須賀神社の背後の神奈備、蓬莱山

のがやってくる。それは海から来て海に生きる人びとの心に深く根付いた思想である。

熊野川の河口近くに熊野阿須賀《あすか》神社という古社が鎮座する。社殿の裏手には半身が水中に入った高さ五十メートルほどの円錐型の小山がある。秦の始皇帝の時代に不老不死の仙薬を求めて東海に船出した徐福がそこに漂着した、という伝承地のひとつだ。その故事にちなんで木々が生い茂る丘は蓬莱山《ほうらいざん》と名付けられた。

元は河口の小島だったと思われる蓬莱山は、「人里に近く」「笠を伏せたような」「樹木に覆われた低い山」という神奈備《かんなび》（神がやどる）山の条件を満たしている。海から神霊が寄りつくのにふさわしい場所といえる。

阿須賀神社の境内からは弥生時代の竪穴住居跡や土器類が発掘された。手捏《てづくね》小型土器や滑石製臼玉《うすだま》・管玉《くだたま》なども出土した。それらはそこで祭祀が行われたことを示唆する。

現在の阿須賀神社の祭神は熊野三山の三神と事解《ことさか》之《の》男《を》神（事解男命）である。この神は『日本書紀』の一書に泉津《よもつ》事解之男神として登場する。黄泉の国から逃げ帰り、妻イザナミと離縁したイザナキが「お前には負けないぞ」と強がって唾を吐いた。唾から生まれたのが速玉之男神で、次に掃きはらって生まれたのが事解之男神だという。

熊野の神格「結早玉」は、『記・紀』神話のイザナキ・イザナミとも結び付き、速玉大社の祭神になった。「事解之男」もヤマト王権がつくった神話の神だ。いずれにしても現在の阿須賀神社の祭神からは、熊野川河口の「本つ神」を求めることはできない。

熊野本宮大社の主祭神は家津御子《けつみこ》大神だが、元の名は熊野坐神《くまのにますかみ》だった。「熊野の地にいらっしゃる神様」。素朴でいい名前である。単純・素朴な神名は、その古さを自ら物語る。その伝でいえば、阿須賀神社の「本つ神」は「アスカの神」「アスカ坐神《にますかみ》」といった名前だったのではなかろうか。

私が熊野に来る前に住んでいた奈良県明日香村の「アスカ」は、古代から飛鳥・明日香と二通りの表記があった。その語源をめぐって、①渡来人が朝鮮語の安宿（アンスク）から安住の地としてアスカと呼んだ、②古代は鳥が瑞兆として喜ばれた。アスカはイスカという鳥の名から転じた、③地形を表現する単語からできた。ア（接頭語）＋スカ（洲処＝川水や海水で生じた砂地）、もしくはアス（浅す＝川、海などが浅くなる）＋カ（処）の合成語だ、などの諸説がある（『飛鳥に遊ぶ』国土交通省近畿地方整備局飛鳥国営公園出張所、一九八一年）。私は③説に傾いている。

阿須賀神社の「アスカ」も「ア＋スカ」「アス＋カ」でつくられた地名ではなかったか。紀州藩が編纂した地誌『紀伊続風土記』は「阿須賀は浅洲所の約《つづま》れるにて岸の崩て深き淵を埋み浅く変し易きを以ていふなり」と記している。

阿須賀神社の神が中世に「阿須賀（飛鳥）大行事」と呼ばれていたことは、速玉大社に残る嘉元二年（一三〇四）の起請文や、『熊野山略記』からわかる。前者は三郎大夫正信という名の代官が誓約した文書で、その内容の詳細は不明だが「もし自分に偽りがあれば、熊野三所権現、阿須賀大行事の罰を受ける」と記している（『熊野速玉大社古文書古記録』、一九七一年）。

一方、中世文書の『熊野山略記』はこの神について注目すべき説明をしている、意味を取りながら、今の言葉に直して紹介しよう。

飛鳥大行事は（熊野）権現より以前に現れ、盧鳥神《ろてうのかみ》という鳥の羽根に乗って下り、熊野へ来られ、飛鳥権現と名付けられた。この神は新宮に大しほ（大潮）をのぼらせないために、御戸を守っておられる。

御戸は熊野川の河口のことであろう。

「愛徳山熊野権現縁起」という古文書にも同様の記述がある。これは和歌山県日高郡日高川町の下阿田木《しもあたぎ》神社と上阿田木神社の成立に関する中世文書である。

『美山村史』通史編（一九九五年）に収められた鈴木宗朔氏の論文「愛徳山熊野権現縁起の成立」によれば、鎌倉時代に新宮の阿須賀明神が愛徳山王子として日高平野に勧請された。愛徳山王子への信仰は、日高川を溯上《そじょう》して美山村（現・日高川町）の地で六所権現に成長した。熊野信仰のひとつの形態だ。

その縁起の中に、大鰐《おおわに》に呑まれた熊野権現を、阿須賀明神が救ったという逸話が出てくる。

鈴木氏は、①阿須賀明神は熊野川河口の地主神だった、②河口は「鰐の害」つまり洪水の多発地帯で、阿須賀明神は川の逆流と洪水に対する守護神でもあった、③その地主神・守護神が、渡来神とされる牟須美・速玉の二神に主座を譲り、補佐神になった、と述べている。

民俗学者の野本寛一氏も名著『熊野山海民俗考』（人文書院、一九九〇年）で、熊野川河口

の神は砂州による河口閉塞や河川氾濫を防ぐために祀られた、と結論付けている。

熊野の海や大河は豊かな漁、水運、鯨や流木の漂着といった恩恵を与えてくれる半面、ときに津波や洪水をもたらす。古代人は「カミ」の二面性を畏怖《いふ》した。二〇一一年三月の東日本大震災と、紀伊半島を襲った同年九月の台風12号は、津波や川の氾濫の恐ろしさを改めて見せつけた。海から寄り来る和魂《にぎみたま》を迎え、ときに猛威をふるう荒魂《あらみたま》を鎮める。「アスカの神」は河口の人びとのそんな祈りの対象だった。

5　寄り来る神迎える祭り

「結早玉（結玉）」は稲作を中心とした農耕祭祀の神格として熊野川の河口で人びとの信奉を受け、奈良時代に「熊野牟須美神」「速玉神」として朝廷から認知された。この新来の神は新たに建てられた「新宮《にいみや》」に丁重に祀られた。

熊野速玉大社の先代宮司上野元氏は、「速玉神社と言う呼称から、速玉神のみを中心とした社に考えられているが、結速玉社《むすびはやたまのやしろ》と申し上げるのが本当の様に思われる」と述べている（一九七三年発行「熊野速玉大社の御由緒」）。これは同社に残る国宝の速玉大神坐像、夫須美大神坐像を夫婦神のように祀ってきた背景などを語った文章だが、「結速玉社」という呼び名は同社の草創期の状況を的確に表している。「結早玉」がやってくる以前に、「アスカの神」は現在の阿須賀神社の場所に祀られていた。熊野川の河口を洪水や逆流から守る神である。また社の裏手の蓬萊《ほうらい》山は、海の彼方からやってくる「善きもの」「尊きもの」をお迎えする依代《よりしろ》でもあった。

河口の守護神だから、対岸にも「分霊」が祀られていたに違いない。それは現在の貴禰谷《きねがたに》神社（三重県紀宝町鵜殿《うどの》）の場所だったと思われる。そこは石淵《やぶち》の谷といわれた。

先に紹介した「熊野権現御垂跡縁起」によれば、熊野の神は「神蔵峯（神倉山）に天降ったあと、阿須《あす》（須）加《か》の社（阿須賀神社）の北、石淵の谷に勧請された」という。阿須賀社の地と石淵の谷は熊野川をはさんだ古くからの聖地だったのである。

稲作祭祀を背景とした強力な今来の神が新しい社に祀られ、中央から封戸も与えられた。となると「アスカの神」や石淵の谷の分霊の影は薄くなる。しかし、地元の人びとは「本《もと》つ神」に対する敬愛と感謝の念を失わず、今の世に引き継いでいる、と私は思う。

それは速玉大社の例大祭である十月十五日の神馬渡御式《しんめとぎょしき》と翌十六日の御船祭《みふねまつり》の式次第に残っている。

神馬渡御式は主祭神である速玉大神の祭りだ。大神の神霊が本社から阿須賀神社に向かう。神霊は神馬には乗らず、宮司の懐に入って向かうようだ。行列には警固《けいご》、楽人、御幣《ごへい》

熊野速玉大社の神馬渡御式。神馬が阿須賀神社を出る

持《もち》なども加わっている。阿須賀神社では神楽の奉納のあと、神馬が本殿の中に入り、神霊を乗せて本社に戻る。

　両社の神霊がどのように動くのかは、わかりづらい。たとえば阿須賀の神が年に一度本社へ渡ってくる古儀だとしても、本社の神霊が神馬を連れて迎えに行くのだから、速玉大社が阿須賀神社を重視していることは間違いあるまい。二月六日の御燈祭《おとうまつり》でも、「上《のぼ》り子」たちは阿須賀神社に参拝してから神倉山にのぼる。

　神馬渡御式を眺めていると、今来の神である速玉神が本つ神である「アスカの神」に一目置いているようにも映る。

　この日は、本殿から神霊が再び取り出されて熊野川の河原につくられた御旅所の仮

早船競漕で有名な御船祭。諸手船が神幸船を曳く

宮に向かう。速玉大神の神霊であろう。仮宮での神事のあと、神霊は宮司の懐におさめられ、ひっそりと帰還する。

祭りの手順が入り組んでいるのは「本つ神と今来の神」「本つ宮と新しい宮」それに河原の御旅所など、神や聖地が複数存在するという由来からではなかろうか。

神馬渡御式の翌十六日は上流の御船島《みふねじま》を回る早船競漕で有名な御船祭である。こちらは熊野夫須美大神の祭りとされている。そこで鵜殿の人たちが重要な役割を演じる。

神輿《みこし》に乗せられた神霊は河原で神幸船《しんこうせん》に遷《うつ》される。神楽の奉納がすむと、下流に控えていた九隻の早船が一斉に漕ぎ出し、御船島を三度回って速さを競う。あとから神幸船も御船島を三度回るが、そのときに神幸船を先導するのが鵜殿衆の諸手船《もろとぶね》である。

地元に伝わる伝承によれば、熊野権現の新宮への遷座に際して鵜殿の人びとが諸手船（出雲の国譲り神話にも出てくる古代の早船）で先導したことの縁によるという。鵜殿は熊野水軍の根拠地の一つだった。船を操るのに巧みだったこともあろうが、阿須賀神社と同様に、河口を守る本つ神に敬意を表する意味合いがあったような気がする。

中世に作成された『熊野山略記』によれば、かつては神幸船が御船島を三周する神事は十五、十六日ともに行われていた。それは、海から寄り来る神を御船島に迎えるというのがこの祭りの本来の姿だったことをうかがわせる。

「アスカの神」は海の彼方の理想郷からやってきた神であったのではないか。その来臨を再現する形で、まず河口の神奈備《かんなび》である蓬萊山に迎え、さらに御船島に導くという祭事だったはずだ。それが「結早玉神（牟須美神・速玉神）」の勧請と新しい社殿の建設、そしてそこが祭祀の中心になるという変化に伴って、祭りの手順が複雑になっていったのではなかろうか。

そう思ったのは、紀伊半島の先端に近い和歌山県古座川《こざがわ》町の古座川で七月二十四、二十五日に催される河内祭《こうちまつり》を見たからだ。速玉大社の例大祭よりシンプルでわかりやすく、海から寄り来る神を迎える祭りの原型を想起させる。

河口に近い古座神社から神額に遷された神は、華麗な装飾を施した御船に乗せられて上流の聖なる小島（河内様。地元では「こおったま」と呼ぶ）に向かう。御船は計三隻。古座は南北朝・戦国時代の水軍の本拠地でもあり、近世は捕鯨基地として栄えた。華麗な御船は栄華の歴史を思わせる。

日没後、提灯を灯し、中から舟歌が聞こえる御船が一隻ずつゆっくりと「こおったま」を回る夜籠《よこも》り神事は幻想的だ。

河内祭では、地元三地区の少年たちがそれぞれ櫂伝馬《かいでんま》に乗り込み早漕ぎ競争をする。船の競争や上流の小島が聖地になっていることなど御船祭とよく似ている。河内祭も、もともとは河口沖の小島、九龍島《くろしま》にやってきた神を迎え、上流の聖地に導くという神事だったのだろう。

6　速玉と黒潮を繋ぐもの

熊野の神格「結早玉（結玉）」が天平神護二年（七六六）までに「熊野牟須美神」と「速玉神」に分かれ、この二神を祀る新宮の基礎ができあがった。

ここで難問にぶつかる。「結早玉」は地母神とその死から生まれた作物（豊穣）を表わす親子神である。ふつうに考えたら、親神の結＝牟須美を新たな宮の主神にするだろう。当初は二神を等しく祀っていたのだろうが、なぜ新宮は早玉（速玉）のほうを主神に選んだのか。

熊野三山が共有する三神は家津御子《けつみこ》（家津美御子）大神、速玉大神、夫須美《ふすみ》（牟須美）大神で、それぞれ本宮大社、速玉大社、那智大社の主神におさまっている。大滝への信仰に端を発した那智山が「熊野三山」に組み込まれたのは平安時代の後半と見られているから、先行の新宮が親神を主神にし、あとから仲間に加わった那智に子神を譲るほうが自然だったように思える。

正直言って私には「ストン」と落ちる解答がまだ見つからない。ただ今のところ、次のように考えている。

「早玉」は地母神から生まれた勢いのある霊《たま》・魂《たま》だ。それは火の活力であり、作物を生育させる勢いである。熊野川の河口に暮らす人びとが新しく迎えた神格として、「結」より力強い響きがあり、人びとにアピールする神格だったのではなかろうか。

その後、熊野に入ってきた『記・紀』神話では、カグツチは母イザナミが死の苦しみのなかで産んだ土の神ハニヤマビメを娶《めと》ってワクムスヒが生まれる。その神から五穀と桑・蚕が誕生する。朝廷の「公式見解」で豊穣につながるカグツチと出自が似ている「早玉

〈速玉〉」をメーンにした選択は悪くなかった。

加えて、早玉〈速玉〉には人びとがあこがれた海の彼方の理想の地常世から波を切って勢いよくやってくる、というイメージがあった。

熊野那智大社の宮司を務めた篠原四郎氏は、熊野速玉大社例大祭の神馬渡御式のうち「やみの中を神霊がお渡りになる古儀」について、「熊野権現が海を渡ってこられた。新宮の古代人が海を渡ってきて、その守り神である『波の穂先に宿る神霊』の『速玉』をこのように祀ったかのように想像される」と書いている（『熊野大社』学生社、二〇〇一年）。

速玉と黒潮を独自の感覚で結び付けたのは、巨樹研究家の牧野和春氏である。新宮の主祭神の原像と同氏が考える速玉之男神〈速玉男神〉の霊について、次のように述べている。

それは、白い波の泡である。どこの波か、いうまでもなく黒潮の波であって、この地の父祖たちが、かつて何千里の波濤《はとう》をのりきってわたってきた追憶の彼方にある〈原風景〉の象徴ではないのか。波の泡はどこに生じるのだろうか。波の先端、波頭《なみがしら》であり、それは別の表現をすれば波の穂である。波の穂は、やがて彼らがこの地に上陸し、農耕民として生活するようになったときの稲の穂の〈穂〉にも通じることになろう。『速玉男神』のほんとうの姿は、この地の海人族が奉じたところの〈波の泡の霊〉ではなかったか（『冥府の森』牧野出版、一九八五年の要約）。

有馬からやってきた今来神を祀った新宮は「早玉（速玉）」を前面に押し立てたことによって、本つ神である「アスカの神」の海から寄り来る神としての性格を自らの中に取り込んでいった。その結果、「アスカの神」は人びとの脳裏から消えていってしまった。そう考えてはどうだろう。

もうひとつの問題は、速玉大社が速玉大神をイザナキノミコト、夫須美大神をイザナミノミコトとして奉祀《ほうし》しているのはなぜか、ということである。

速玉神＝イザナキ、夫須美神＝イザナミという同体構図は『記・紀』の影響を受け、熊野を中央に結び付けることによって自分たちの地位を上げようと、平安中期以降につくられた観念ではなかろうか。

熊野の古代史を語るとき、よく引用されるのが『熊野年代記』だ。それによると、第五代孝昭天皇二十九年に次のようなできごとがあったという。

九月十五、十六日に新宮の乙基《おとも》河原に貴男貴女が顕現《けんげん》した。これは伊弉諾尊《いざなきのみこと》、伊弉《いざな》冉尊《みのみこと》の霊魂という。

乙基河原は速玉大社近くの熊野川の河原で、十月の例大祭ではそこに御旅所が建てられる。江戸中期に作成されたとみられる『熊野年代記』の記述は、中世文書である『熊野山略記』からの引用と思われる。『熊野山略記』の新宮縁起の中に、「孝照天皇二十九年九月

十五、十六日、新宮乙暮（基）河原に貴男貴女が顕現した、伊弉諾伊弉冊の霊魂という」といった記述があるからだ。それは、新宮の二神をイザナキ、イザナミと同体視する立場からは心強い応援だったろう。

ただ、『熊野山略記』が語る「貴男貴女影向《ようごう》（神の出現）」伝承には微妙な食い違いがあることが気にかかる。

花の窟のところで紹介したように、同じ『熊野山略記』が「産田宮《うぶたのみや》（産田神社）で火神カグツチを産んだときの火傷で死んだイザナミの霊魂は、大般涅槃岩屋《だいはんねはんいわや》（花の窟）にある。孝照天皇二十九年の九月十五、十六日に影向した貴男貴女は、その霊魂である。こうした理由で、産田宮の祭礼にあたって大般涅槃岩屋で七五三《しめ》（縄）を引くのだ」と記している。この文脈では、貴男貴女はイザナミ・カグツチとも読める。

『熊野山略記』の別の個所では、「（第十代）崇神天皇時代の九月十五日、新宮乙暮河原に貴男貴女が顕現した」とある。

『熊野山略記』はいくつもあった伝承を寄せ集めたもののようだ。だから、ばらつきが生じたのだろう。

7　激しい昇格レース

熊野速玉大社の祭神、速玉大神と夫須美大神がそれぞれイザナキ、イザナミだとされた理由づけの一つに、同社に伝わる神像の存在がある。熊野速玉大神坐像（口絵1）と夫須美大神坐像（口絵2）だ。同じく速玉大社蔵の国常立命《くにとこたちのみこと》坐像（口絵3）、家津美御子大神坐像とともに国宝に指定された。

速玉大神像は第二殿（速玉宮）に祀られてきた俗体の男神像で、像高一〇一センチの木造だ。両手を衣に包んで正座し、宝冠を冠っている。顎鬚《あごひげ》を垂らし、目を見開いた表情は威厳に満ちており、神像の傑作中の傑作であろう。和歌山県立博物館の大河内智之氏は九世紀後半から十世紀初頭ごろの制作とみている。

夫須美大神像は速玉大神像よりほんの少し低い木造で、第一殿（結宮）に祀られてきた。両手を衣に包み、衣の中で左ひざを立てて坐す優雅な女神像であり、ふくよかな、やさしい表情が慈母を思わせる。これも十世紀初頭ごろまでの作という。同じ時期に、同じ工房でつくられた作品であろう。

国常立命像は第三殿に祀られてきた俗体の男神像である。頭頂部と体の前面が欠けており、状態はあまりよくないが、顔はよく残っている。きりっとした若々しい表情から、二神の子どもを思わせる。大河内氏は、この三体の坐像は地元の豪族がその祖霊神としてつくらせたものではないかと見ている。

九世紀後半に今の新宮市一帯を勢力下に置いていたのは、どんな一族だったろうか。もしかしたら熊野直《くまのあたい》の系譜を引く一族だったかもしれない。熊野直はもともと熊野を支配していた土豪の姓《かばね》で、律令制度のもと、朝廷から国造《こくぞう》に任じられた。熊野直一族では、称徳女帝にかわいがられ、女性として異例の出世をした熊野直広浜《ひろはま》が有名だ。

もう一体、家津美御子像といわれてきた坐像は笏《しゃく》を手にした男神像だが、親子像と作風が違うことから、熊野三山の成立にからんで後で加えられた可能性がある。

ちなみに国常立神は日本神話の天地開闢《かいびゃく》のときに登場する神である。『日本書紀』では最初に現れた神で、『古事記』には六番目にその名が出てくる。速玉大神＝イザナキ、夫須美大神＝イザナミなら、その子神はカグツチあたりが妥当なところだろうが、なぜクニトコタチとされたのかよくわからない。

立派な神像があったので速玉・夫須美神像とし、ペア像だからイザナキ・イザナミに結び付けられたのか、それとも自分たちの神を『記・紀』神話の神と一致させ、その権威を高めるため豪族の祖霊神が利用されたのか、経過は不明だ。いずれにしても「二神像があるから新宮の神はイザナキ・イザナミと同体だ」というのはやや無理があろう。

私はさきに、「山中にある今の本宮より、海に近い今の新宮のほうが、朝廷に早く注目された」と述べた。天平神護二年（七六六）の最初の封戸《ふこ》も後者の二神に与えられた。新宮（熊野速玉大社）の次に熊野本宮大社（以前は熊野坐神社と呼ばれた）の創始を考えたいが、その前に両社の祭神が中央からどのように格付けされたか、推移（昇格レース）を見てみよう。

本宮の主祭神、熊野坐神が文書に最初に登場するのは『日本三代実録』である。平安時代の延喜元年（九〇一）に完成した歴史書だ。九世紀後半の清和、陽成、光孝天皇三代の出来事を扱っているためその名がつけられた。その中に次のような記載がある。

▽貞観元年（八五九）一月、熊野早玉神と熊野坐神が従五位下から従五位上に昇格した。

▽同年五月、熊野早玉神と熊野坐神が従五位上から従二位に昇格した。

半年足らずの間のスピード出世。熊野に朝廷の関心が向けられてきた表れといえよう。

ここまで新宮と本宮の神は仲良く昇格している。

差がついたのは貞観五年（八六三）三月である。早玉神が正二位になったのに、坐神についての記述はない。

『日本紀略』によれば、延喜七年（九〇七）十月に正二位の早玉神が従一位に昇格したのに対し、坐神は従二位から正二位への昇格にとどまった。上皇や法皇の熊野御幸《ごこう》の始まりである宇多法皇の熊野参詣は延喜七年十月に行われた（『扶桑《ふそう》略記』）。昇格はその恩賞だろう。熊野御幸はその後、本宮参拝がメーンになるが、このときはまだ新宮がより注目されていたようだ。

古代の神社・祭神といえば延喜式の神名帳《じんみょうちょう》が浮かぶ。延長五年（九二七）にまとめられた全国の官社一覧である。神名帳に載った神社を「式内社」と呼び、格式の高い社とされてきた。

そこに、当時の牟婁《むろ》郡の式内社として、

牟婁郡六座 大二座 小四座
熊野早玉神社 大　熊野坐神社 名神《みょうじん》大
海《あま》神社三座　天手力男《あめのたちからを》神社

とある。名神大社はそこで国家祭祀の名神祭を行う大社というが、同じ大社なので神社の格に大きな差はなさそうである。延喜式ができたころまでに、本宮は新宮に追いついたようだ。

天慶三年（九四〇）二月、熊野速玉神と熊野坐神はともに正一位になり、位最高を極める。この同時昇格の記録は、伊勢と熊野が同体か非同体かで論争した『長寛勘文』に出てくる。朝廷が難儀した海賊追討の祈願によるといわれる。

Ⅴ 大斎原

1　中洲の神の心象

十二世紀の文書である『長寛勘文』の中に引用された「熊野権現御垂跡縁起」では、大湯原（熊野本宮大社の旧社地・大斎原《おおゆのはら》）に降臨した熊野権現を、猪を追ってきた犬飼（狩人）が感得するという話になっている。それはこんなシーンだ。

熊野川の河口で「結玉」「家津美御子」として二宇の社に祀られた神は、十三年の後、大湯原に立つ一位（イチイ）の木に三枚の月形として天降った。それから八年経ったある日、河内の狩人が手負いの大猪を追って大湯原に至ると、猪は一位の木のもとで死んでいた。狩人はその肉を食べ、木の下で一夜を過ごした。目が覚めてふと見上げると、梢の間に月が三つに分かれてあった。狩人は月に向かって「なぜそんなところにいらっしゃるのですか」と尋ねたら、月はこう答えた。

「我は熊野三所権現である。一社は證誠大菩薩《しょうじょうだいぼさつ》で、二枚の月は両所権現である」。

なぜ狩人が登場するのか。そこに本宮の元々の神（本つ神）の姿を知る手がかりがある。

これについては、田辺市文化財審議会委員である橋本観吉氏の見解を紹介したい（『紀州史研究3』国書刊行会、一九八八年の中の論文「熊野の創祀とその祭神」）。

「熊野路はかつて狩人の道であったと推測される。遠く先史時代より狩人が歩いた道であった。獲物となる野獣を追って、狩人と野獣が生死をかけた道であった」とする橋本氏は、「御垂跡縁起」で狩人の千與定《ちよさだ》（千代定）が死んだ猪と一夜を過ごした中洲など水辺についてこう述べている。

死に場所、つまり殺戮《さつりく》の場は、同時に殺されたモノへの慰霊や鎮魂の場となり、また神への報賽《ほうさい》（供犠）の場ともなる。故に、水辺は先史時代より祭祀（呪術《じゅじゅつ》）の発生する場となった可能性が強い。

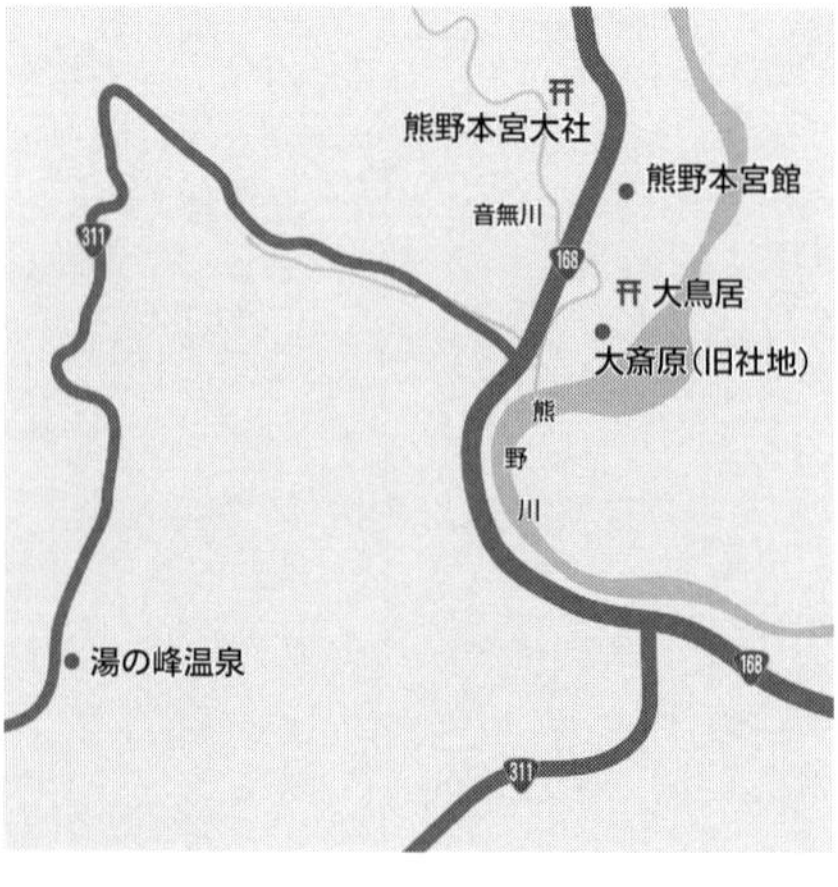

熊野本宮大社旧社地の大斎原

大斎原は、熊野川と支流の音無川《おとなしがわ》、岩田川が合流する中洲だ。そこは狩人にとって水系の異なる山岳地帯への入り口として重要な分岐点だった。生活の糧を与えてくれる動物に感謝しその鎮魂を祈った場所は、やがて神霊の降臨する聖なる場所になっていった。大斎原の信仰の起源は弥生以前の時代までさかのぼる。橋本氏はそう主張する。

その「カミ」は何と呼ばれていたか。

文字のない時代はわからないが、本宮大社の神名では「熊野坐神《くまのにますかみ》」という名が一番古い。この神名が『日本三代実録』で貞観元年（八五九）に登場することはすでに述べた。「熊野にいらっしゃる神様」という素朴な名前からは、稲作以前の古代人が獣を追って山野を駆け巡っていた時代の香りさえただよってくる。

「御垂跡縁起」の物語は、熊野権現が自らを「熊野三所権現」と名乗ったところで終わっている。だが、熊野三山の成り立ちや祭礼の内容などを説明した縁起集成である中世文書『熊野山略記』にはその「後日談」が載っている。熊野権現を感得した狩人は、三本の一位の木のもとにそれぞれ柴の宝殿を造って権現に奉じた、というのだ。

その後の記述が面白い。

狩人が中洲で過ごしていた間に、一人の修行僧が狩人の河内の自宅を訪れた。修行僧は妻から「夫は猪を追って出かけたままだ。それはそれは大きな猪だったから、食べられてしまったかもしれない」と告げられ、大胆にも狩人の妻と共寝したのである。「僧其《その》女を語《かた》い誘《さそ》いて相宿」といたく直截《ちょくせつ》な表現だ。

数日後、自宅に帰った狩人は怒るでもなく、僧に大湯原で起こった出来事を語る。それを聞いた僧は狩人の案内で「本宮三社」に参拝した、という。『熊野山略記』は「この僧は禅洞《ぜんどう》上人という」と僧の名まで記している。

和歌山県日高川町の道成寺に伝わる安珍と清姫の物語は、熊野参詣の行きがけに一夜の宿を求めた奥州白河の若い僧が、その家の娘に惚れられるという筋書きだ。安珍は「帰りに寄るから」とうそをついて淫行《いんこう》から逃れようとするが、禅洞上人は悪びれたふうもない。名の通った僧侶の艶笑譚《えんしょうたん》は許される、ということだろうか。カミの話との対比が興味を引く。

閑話休題。本題に戻ろう。

明治二十二年（一八八九）の大洪水で社殿の大半が流されるまで、本宮大社は川の中洲に鎮座していた。平安時代以降、熊野詣で本宮に参拝する人びとは音無川を歩いて渡る「濡れ草鞋《わらじ》の入堂」をした。体を水流で清める禊《みそぎ》の儀式（水垢離《みずごり》）である。

大斎原を囲む川は今でこそ水量が少なく「濡れ草鞋」の面影はない。しかし昔は渦を巻く深い淵がいくつもあり、それぞれにまつわる物語があった。

江戸・元禄年間につくられた熊野三山参詣の案内書『紀南郷導記《きょうどうき》』によれば、本宮には毎月二十八日に竜宮城から乙姫が参詣するといわれてきた。淵の一つ「立島《たてしま》ノ淵」にはこんな伝承がある。

雨乞いのため笛を吹いていた男が、笛を淵に落としてしまった。それを探して水底に至ると竜宮城があった。金銀玉に飾られた床の上に笛を見つけた男は、取り返して戻ってきた。いっときのことと思ったが、十三里川下に出たとき三年が過ぎていた。

何やら浦島伝説や日本神話の海幸彦・山幸彦を思い起こさせる話だが、大斎原が「水の聖地」だったという伝承でもある。

本宮大社の祭祀が一位の木のもとで始まったという言い伝え。そこは淵に囲まれた中洲だったこと。それは本宮の根源が「樹木」や「聖水」への信仰だったことを物語る。

それに対して、有馬から熊野川の河口に遷《うつ》り、今の速玉大社の神格に発展した「結早玉（結玉）」は、もともと稲作に代表される農耕祭祀の神格であった。

河口から三十キロほど上流にある本宮の地は山間で平地は少ない。「結早玉」が今来の神（新来神）としてそこに伝えられたのは、河口部よりも後のことだろう。

思い切った言い方をすれば、後に「熊野坐神」と呼ばれた「縄文のカミ」が祀られていたところに、「結早玉」という「弥生のカミ」がやってきたのだ。

そこで何が起きたか。

2　社殿の変遷は語る

「結早玉（結玉）」神を迎えた熊野川の河口では、今の阿須賀神社の場所で奉じていた本つ神（アスカの神）とは別に、新来の神を祀る社殿を現在の速玉大社の場所に建てた。それはアスカの神の社に対する新しい宮だったので「新宮」と呼ばれた。

しかし、山間地の中洲（大斎原）では新しい宮を建設するのに十分なスペースがなかった。このため後に熊野坐神、さらには家津御子と名を変えた本つ神の社殿に並べて新来の神「結早玉」を祀る社殿を増設した。本つ神の社殿はそのままだったので「本宮」として言い伝えられた。私はそんなふうに考えている。

いま本宮大社では向かって左の第一殿（西御前）と第二殿（中御前）がひとつの建物（相《あい》殿《どの》）で、そこに熊野夫須美大神と速玉大神が祀られている。この相殿が結早玉神の新居だった。主神の家津御子大神は右隣りの第三殿（證誠殿《しょうじょうでん》）に祀られている。熊野坐神が家津御子に変わった理由は後で触れたい。

本つ神と今来の神が同じ宮に「同居」したため、たとえば速玉大社の祭りの手順を複雑にさせるような事情はなかったものの、本宮独自の問題も生んだ。社殿の形やおのおのに祀る神仏が時代〳〵で変化したのである。その背後に、仏教と神道、僧侶と神職、本地仏と垂迹《すいじゃく》神の「角逐」や「主導権争い」があったように思える。

本宮大社の社頭を描いた史料である「一遍聖絵《ひじりえ》」（清浄光寺蔵）（口絵5）を見てみよう。これは正安元年（一二九九）の制作である。

向かって左手奥に大きな社殿が描かれている。聖絵の制作より百六十年ほど前の長承三年（一一三四）、鳥羽上皇に随行して訪れた源師時《もろとき》の日記『長秋記《ちょうしゅうき》』の記述と合わせると、この社殿は「結宮《むすぶのみや》」と「早玉明神」の二神を祀った相殿である。現在の形と基本的に同じ

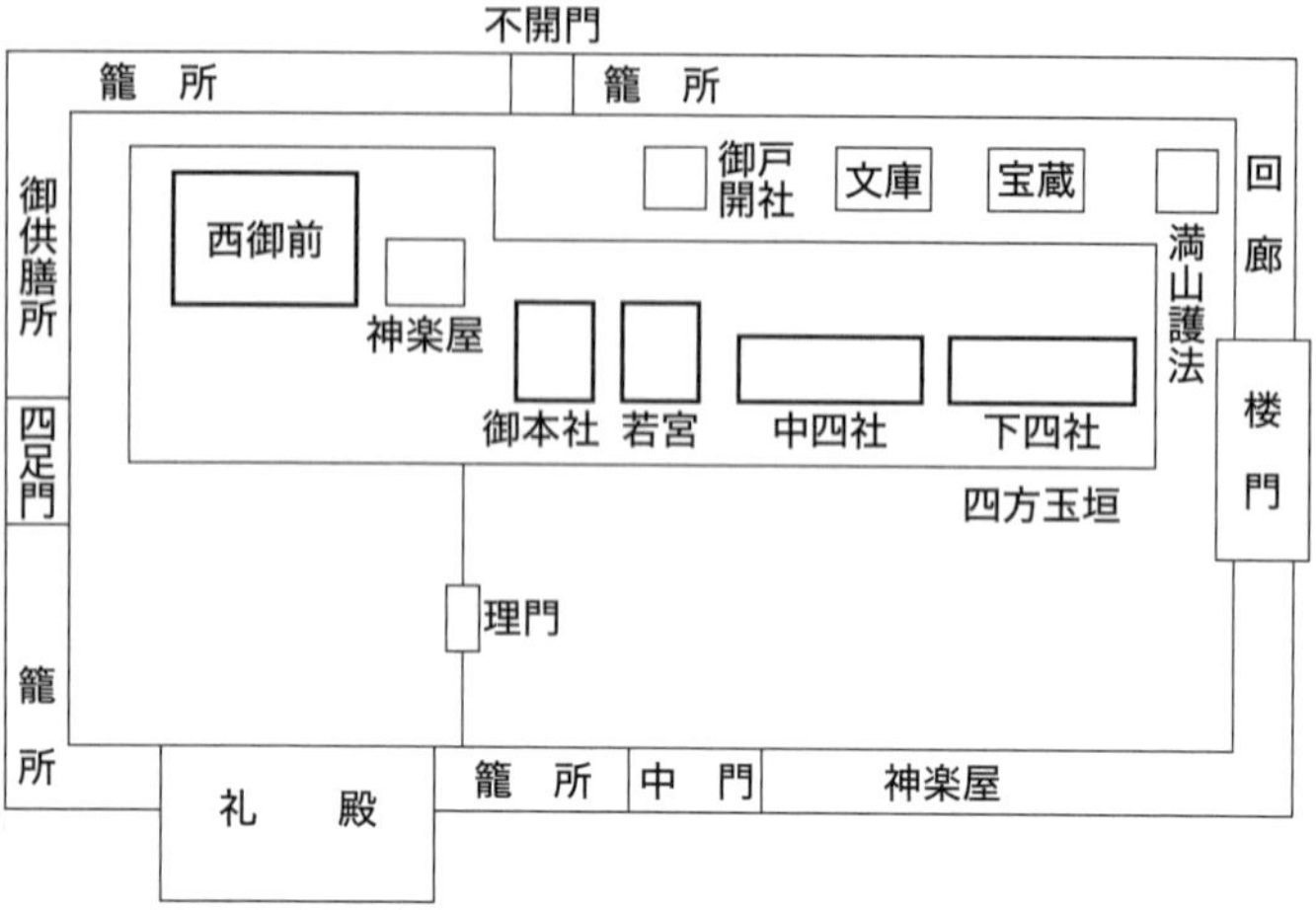

「熊野三山図」の建物配置（『本宮町史』文化財編）（部分）

だ。

「一遍聖絵」で注目すべきは、相殿とその右手の社殿群との間に回廊が築かれ、両社をはっきり分けていることである。

相殿の右手には主祭神を祀った證誠殿、若宮を祀る社殿のほかに四所王子や四所明神を祀る建物が並ぶ。「結宮・早玉明神」両所の相殿と他の社殿は、あたかも別の神社のように区切られているのだ。しかも立派な礼殿《らいでん》は證誠殿の正面でなく、両所権現を祀る相殿の正面に置かれているのである。この社殿配置が後年、いろいろな解釈を招き、研究者を悩ませた。

私は、「一遍聖絵」に描かれた配置こそ、本宮の初期の姿を物語っていると思う。つまり、相殿と證誠殿の間にある回廊は、今来の

田植えのころ、大斎原の森と大鳥居が水田に姿を映していた。季節ごとに周辺の風景は姿を変える

神である結早玉神がやってきたため、社殿を建て増しした名残りではなかろうか。回廊は新旧の神の境界線だったのである。

社殿配置は江戸期には大きく変わっている。延宝八年（一六八〇）の「熊野三山図」を見ると、西御前（相殿）と御本社（証誠殿）を分けていた回廊はなくなり、南北に延びた玉垣とその真ん中に位置する門が昔の回廊の跡をしのばせるだけだ。そして、江戸末期の作と思われる「本宮本社末社図」（口絵6）では中庭にあった門も玉垣も取り払われ、社殿が横にずらりと並ぶ、今のような形になった。

平安から鎌倉時代ごろまでは草創の姿

を保っていたが、その後、三所権現の一体感が強まるにつれて「新旧」の区別がなくなっていったのだろう。

主神の社殿より相殿のほうが大きく、しかも礼殿が相殿の前にある。「新旧同宮」「建て増し」説を唱えてみたものの、私にはどうもそれが気にかかる。

研究者も気になるようで、近藤喜博氏は「社殿の大小によりてその上下を思う考え方は近代の合理主義によるもので、春日大社は小社殿ながらよく古制を伝える点に考え、証誠殿の西・中両御前より小さく構えられるのはむしろ古制のままであったと認めるべきだ」と主張する。また、相殿の前にある礼殿は「拝殿と申す如きものではなく社僧の供養所」であるとしている（地方史研究所編『熊野』の中の論文「熊野三山の成立」）。

ここで思い出されるのは、永観二年（九八四）につくられた『三宝絵詞』の一節である。「結早玉」という神格が登場するため重要なこの史料は、本宮について不思議なことを言っている。

紀伊国牟婁郡に神います。熊野両所、証誠一所と名づけたてまつれり。両所は母と娘なり。結早玉と申す。一所はそへる社《やしろ》なり。この山の本神と申す。

「熊野両所」が結早玉で、後に熊野三山が共有する速玉神と夫須美（牟須美）神を指すことは明らかだ。また「証誠一所」が本宮の主祭神で熊野坐神、後に家津御子神と呼ばれた神を指すことも異論あるまい。

問題は「一所はそへる社なり。この山の本神と申す」である。「この山の本神」は本宮の主神だろう。それが「そへる（添える、副える）神」というのはどういうことか。

私は、本宮の本つ神を今来の神が圧倒し、あたかも「そへる」神のような状態になっていたのではないかと推測する。「庇《ひさし》を貸して母屋を取られる」といったら神様に失礼だが、新来の神を建て増しまでして迎えたのに、主人が「そへる神」のようになってしまったわけだ。

それは本宮の創始のころのことか、それとも『三宝絵詞』が書かれた時代の状況か、はわからない。前者とすれば、米・稲作という新作物・新技術が狩猟や焼畑農業を圧倒し、人心が「本つ神」から「今来の神」信奉に流れたのかもしれない。また後者とすれば、速玉神（新宮）と熊野坐神（本宮）が昇格競争・出世争いを展開していた九世紀から十世紀の状況を反映した表現なのだろうか。

3　神と仏の角逐

平安時代の仏教説話集『三宝絵詞』には、「一所はそへる社」という一節の解釈以上に難解な言い回しがある。「両所（結早玉）は母と娘なり」というくだりだ。

「女神が死んで、そこから作物（豊穣）がもたらされた」。南の国から黒潮に乗って有馬にたどり着いた神話は、稲作祭祀と結び付いて熊野独自の神格「結早玉（結玉）」となり、新宮や本宮の創始と関わった。それが夫須美（牟須美）神と速玉神に進化した。もともとイザナミとカグツチのような親子神だったが、『記・紀』のイザナキ・イザナミ神話と合体して夫婦神ともなった。

カグツチは「ハニヤマビメ（埴山姫）を娶《めと》ってワクムスヒ（稚産霊）を生んだ」と『日本書紀』にあるから男神である。『古事記』はカグツチの別名をヒノヤギハヤヲ（火之夜芸速男）神、ヒノカガビコ（火之炫毘古）神としている。また、イザナキの唾から生まれたと『日本書紀』がいうハヤタマノヲ（速玉之男）神も男神だ。母と息子、夫婦。後の神格の変化を考慮に入れても、結早玉が「母と娘」という線は出てこない。

「『三宝絵詞』の作者源為憲《ためのり》の書き違いだろう」と片づければ簡単だが、それも安易だから、私の推測を述べたい。

「女神が死んで、そこから作物がもたらされた」という神話のルーツは、インドネシア・セラム島でドイツの民族学者イエンゼンが採集したハイヌウェレ型神話ではないか、と前に書いた。村民に殺され、その死体を埋めた場所から各種のイモが生じたという神話の主人公ハイヌウェレは少女だった。

この神話は、熊野で稲作と結び付き変容するうちに、地母神が自らの死をかけて新たな命（作物）生むというストーリーになっていった。つまり、不思議な少女（女神）ハイヌウェレが「地母神とその娘」に二分していったのではなかろうか。

『三宝絵詞』には、イザナミ・カグツチが登場する『記・紀』神話がまだ熊野に入ってこなかった時代の「地母神と娘」という伝承が反映している、という解釈はどうだろう。

本宮の歴史に戻ろう。前に、今来の神「結早玉」を同じ社内に迎えたことが一因となり、その後の社殿の形や神仏の配置などが変化したと述べた。本宮は主祭神の本地仏である阿弥陀如来の浄土として、また修験の一大聖地として仏教色が強かった。そうした事情も社殿や神仏配置に影響を与えたろう。

宮家準氏によれば、仁安四年（一一六九）には山伏が礼殿（修験者は長床《ながとこ》と呼んだ）内で、鏡に仏像を線刻した御正体《みしょうたい》を掛けて護摩を焚《た》いた。修験者たちは長床を拠点に法会や修行をしたという。

時宗の開祖、一遍上人と本宮も縁が深い。山道で出会った僧に念仏札の受け取りを拒否されショックを受けた一遍は、本宮で夢に山伏姿で現れた熊野権現から「信不信をえらばず、浄不浄をきらわず、札を配れ」と諭《さと》され、迷いを晴らした。宮家氏の言葉を借りれ

本宮・證誠殿の千木

ば、「本宮は修験者を媒介に参拝者が神に接し、神の声を聞くところ」だったのである。

そこでは神の背後に存在する本地仏がありがたがられた。證誠殿《しょうじょうでん》の「證誠」は主祭神・家津御子の本地仏・阿弥陀如来が人びとの極楽往生を「誠《まこと》」に「證《あかす》」ことを意味していた。法皇・上皇から武士、庶民まで、人びとは現世の加護と極楽往生を願って本宮にやってきた。

こうした事情で、本宮では平安時代から近世に至るまで「神」に比べて「仏」が押し気味だった。鎌倉時代の作品といわれる「熊野垂迹神曼荼羅《すいじゃくしんまんだら》」（和歌山県立博物館蔵）が主祭神の家津御子大神を僧侶の姿で描いているのは、その象徴といえよう。

本宮の関係者の話では、江戸初期に證誠殿で千手観音が祀られた時期があったそうだ。千手観音は古くは結宮の、その後は夫須美神の本地仏である。「仏優勢」の中で、その時々の神職と僧侶の力関係によって社殿の形や祭神・本地仏の配置が変わったのだろう。もっとも、牟須美神はイザナミと同神と見られてきたから「イザナミが主祭神の地位を占めた」という解釈もできる。

本宮の本社（第三殿證誠殿）の屋根を見るたび、私は不思議な思いがする。両端での木材を交叉させる千木《ちぎ》が内削《うちそ》ぎ（先端を地面と水平に切る）なのだ。これは一般に女神を祀る場合に多いというから、スサノヲと同神という家津御子神にそぐわない気がする。聞くと、熊野造の社殿には内削ぎ＝女神、外削ぎ（先端を地面に垂直に切る）＝男神という法則は当てはまらないという。そう言われたら取り付く島もないが、私には千木の形も様々な角逐がもたらした産物に思えてしまう。

本宮の「仏優位」は江戸時代以降、微妙に変化し、「神」（神職・社家）の巻き返しが起きた。そのきっかけのひとつは江戸初期の神道家、吉川惟足《よしかわこれたり》が紀州藩や熊野三山に与えた影響だった。

吉川惟足は元和二年（一六一六）生まれ、元禄七年（一六九四）に没した。吉田神道の仏教的要素を除き儒教の教えを取り入れた神道を提唱した彼の名声は、江戸から各地に広がり、紀州、会津、加賀藩などが招聘《しょうへい》した。

紀州では家康の十男で紀州徳川家の祖となった徳川頼宣《よりのぶ》に重んじられた。那智大社の社家、米良《めら》家の文書の中の延宝五年（一六七七）十月三日付の「紀州家奉行衆達状」に惟足の名前が出てくる（『熊野那智大社文書』第四巻）。

彼は那智山に対して神前年中行事や臨時祭事などの改正の指導をしたようだ。具体的にどのような指導をしたかはわからないが、年中行事から仏教色を排して、神道にのっとって祭事を催すよう説いたのだろう。

「衆達状」によると、惟足は本宮や新宮も回った。紀州藩のバックアップを受けて、彼の指導は熊野三山全体に及んだと思われる。

こうした神道の「巻き返し」は、本宮の社家に残る文書『熊野伝記』などの文書にも反映した、と私は推測する。『熊野伝記』には「（イザナミを葬ったという）有馬から神宝を本宮に運んだ」とする興味深い話が出てくるが、その紹介はしばらく後にしたい。

4　坐神から家津御子神へ

本宮大社の主祭神は十世紀の中ごろまで熊野坐神《くまのにます》と呼ばれていたが、その後、家津御子《けつみこ》（家津美御子）神と呼び名が変わった。

改名の時期について、私は十二世紀の初めごろではないかと推測している。理由のひとつは権中納言・源師時《もろとき》の日記『長秋記』の記述であり、もうひとつは『長寛勘文』に引用された「熊野権現御垂跡縁起」である。

『長秋記』から見てみよう。長承三年（一一三四）二月一日条によると、鳥羽上皇の熊野詣に随行した師時は、本宮において先達《せんだつ》を招き、「熊野の神々の本地仏はなにか」と尋ねた。先達は「（本宮主祭神）家津王子の本地は阿弥陀仏」「（新宮主祭神）早玉明神は薬師如来」「（那智主祭神）結宮は千手観音」と答えた。

先達は熊野三山への旅の案内人、今風にいえばツアーコンダクターで、山伏が務めることが多かった。

本宮の神は「熊野坐神」ではなく、「家津王子」と説明されている。ついでにいえば、先達は家津王子が法形、つまり僧侶の姿をしていると解説した。阿弥陀如来の浄土とされた本宮が、当時「仏教優位」だった例証である。

『長寛勘文』は、甲斐国で起きた荘園強奪事件にからんで長寛年間（一一六三―一一六五）に当時の学識者らが朝廷に提出した意見書だ。その一人が引用した「熊野権現御垂跡縁起」は熊野三山の歴史をひも解くうえでの重要史料になっている。

その内容はすでに紹介したので、「御垂跡縁起」で熊野の神が「結玉」二所と「家津美御子」とされていることだけを確認しておきたい。「御垂跡縁起」が長寛年間以前の作であることは間違いないが、『長寛勘文』からそれほど離れているとは思えない。

では、家津王子と家津（美）御子のどちらがより古い呼称だろう。

私は、①『長秋記』は『長寛勘文』より時代が古い、②以後、現在まで家津御子と呼ばれている、③王子のほうが御子より素朴な香りがする、などから、家津王子という呼称のほうが古い気がする。もっとも、「ケツミコ」の「ミコ」を師時が日記に「王子」と記した可能性もあるが。

ここで触れておかなければならないことがある。『長秋記』や『長寛勘文』より古い年代の奥書《おくがき》（著作・書写などの年月日、名前を記す）のある史料に、「家津命御子」の名が出てくるのだ。

それは「熊野三所権現金峯山金剛蔵王行者御記文」（以下「御記文」と略）という文書である。巻末に「延久二年（一〇七〇）八月十八日」と日付が書かれている。『長秋記』より六十数年も古いので、こちらが初出ではないかと当初思ったが、どうやらそうともいえないようだ。

まず、「御記文」とはどんな文書か。『山岳宗教史研究叢書18　修験道史料集Ⅱ　西日本編』（名著出版、一九八四年）の解説によれば、熊野三所権現と吉野の金峯山金剛蔵王の垂迹本誓の次第を述べた書という。

このうち熊野三所権現の御記文では、證誠大菩薩家津命御子が自ら次のように語る。

我は衆生に利益をもたらすため日本に垂迹した。六十余州の一切衆生が自分の許《もと》に参詣すれば貧窮を除き、富貴を与え、現世を安穏にする。また後世も善処せしめよう。もしこの誓いに誤りがあれば、我は家津命御子ではない。

家津命御子に続いて「西宮結御子」「中宮早玉王子」もそれぞれ同じ形式で誓いを述べる。人びとに熊野権現への参詣を勧め、篤い信仰心を起こさせる立場で、神が自分の決意を書き残したものだという。熊野三山に参拝した人びとに対して、修験者・山伏はこうした書き物をテキストに「神の声」を伝えたのであろう。

「御記文」の作成年代について奥書を素直に受け入れられないのは、中世文学が専門の川崎剛志氏の論文（「熊野金峯大峯縁起集」解題＝『熊野金峯大峯縁起集』臨川書店、一九九八年の解説や、「熊野権現金剛蔵王宝殿造功日記」という偽書＝「説話文学研究」36号、二〇〇一年）を読んだからである。

「御記文」の奥書には「延久二年八月十八日戊午《つちのえうま》」とある。「戊午」は陰陽五行説に基づき、十干《じっかん》と十二支を組み合わせた紀年法だ。

川崎氏は、①延久二年と干支の「戊午」は合わない、②「御記文」を含む一連の真福寺本熊野金峯縁起群の中で「戊午」という干支は聖なる意味を付与されていたことなどから、「延久二年」の奥書は仮託《かたく》（かこつけ）と考えて間違いない、とする。

延久二年（一〇七〇）の日付が怪しいとなれば、そこに「家津命御子」の名が出てくる「御記文」の成立年代もそこまではさかのぼれないといってよさそうだ。『長秋記』の記述より新しいかもしれない。

ちなみに、院政初期の貴重な史料である日記『中右記《ちゅうゆうき》』を残した藤原宗忠は、『長秋記』の源師時より早く天仁二年（一一〇九）十月二十六日に本宮に参拝した。念願を果たした宗忠は證誠殿に参った感激を「落涙《らくるい》抑え難く、随喜感悦《ずいきかんえつ》せり」と日記に記しているが、その主祭神の名については言及していない。

家津御子はどんな理由、由来で本宮大社の主祭神の名になったのだろうか。単純素朴で私が好きな名前である熊野坐神は、なぜ引き出しにしまわれてしまったのだろうか。

私の推論を先にいえば、家津御子は「木つ御子（王子）＝木の神」と出雲の神「櫛御気野《くしみけぬの》命《みこと》」が合体した名前ではないだろうか。

5　出雲の神名が影響

「熊野権現御垂跡縁起」によれば、熊野権現は本宮大社の旧社地・大斎原（大湯原）の一位（イチイ）の木に三枚の月形として出現した。

紀の国は「木の国」であり、古代から船材を産出することで有名な地だった。大斎原は今も杉などの大木がうっそうと茂ったところである。熊野坐神はもともと木の神、そして熊野川の中洲に坐す水の神だった。家津御子は「前任者」のイメージが込められた「木つ御子」でもあった。

一方、『古事記』や『日本書紀』の完成に伴い、八世紀以降『記・紀』神話や出雲神話が熊野に流れ込んできた。『記・紀』はヤマト王権の正統性を主張する史書である。中央からのPRもあったろうが、地方も朝廷との結び付きを図り自分たちの地位を高めるため、『記・紀』神話の神々を積極的に取り込んだ。こうして熊野の神話に「官製神話」の主人公が入っていった。熊野の神格「結早玉（結玉）」がイザナミ・カグツチになったり、イザナキ・イザナミと重ねられたりしたのはその典型である。

『日本書紀』の一書《あるふみ》によれば、スサノヲの子イタケル（五十猛）神はたくさんの樹の種をもって天降ったが、それを韓地《からくに》には植えず、大八洲《おおやしま》の国に播《ま》き増やして青山にした。そして紀伊の国の大神になったという。

『日本書紀』はこんな話も伝える。スサノヲはイタケルが国を治めるために、自身の体の毛を抜いて杉、桧、槙《まき》、樟《くすのき》などを生みだし、「杉と樟で舟をつくれ、桧で宮をつくれ、槇は棺をつくるのにいい」といった。五十猛神は和歌山市の伊太祁曽《いたきそ》神社の祭神になっている。スサノヲ・イタケル親子のこうした神話が本宮に影響を与えた、と考えられる。

家津御子の名のもう一つのルーツは出雲の熊野大社（島根県松江市）だろう。『出雲国風土記』では熊野大社、延長五年（九二七）に編纂された『延喜式』の神名帳（全国の官社一覧）では熊野坐神社と呼ばれた古社である。

平安時代につくられた法制書『新抄格勅符抄』の大同元年（八〇六）の文書によれば、出雲の熊野神は二十五戸の封戸を得ている。紀伊の熊野牟須美神と速玉神のそれぞれ四戸と比べてずっと多く、当時の朝廷には出雲の神々が身近な存在だったことがわかる。

先に私は牟須美神と速玉神はともに今の新宮に祀られた神だ、と書いた。この時代、まだ本宮の神（熊野

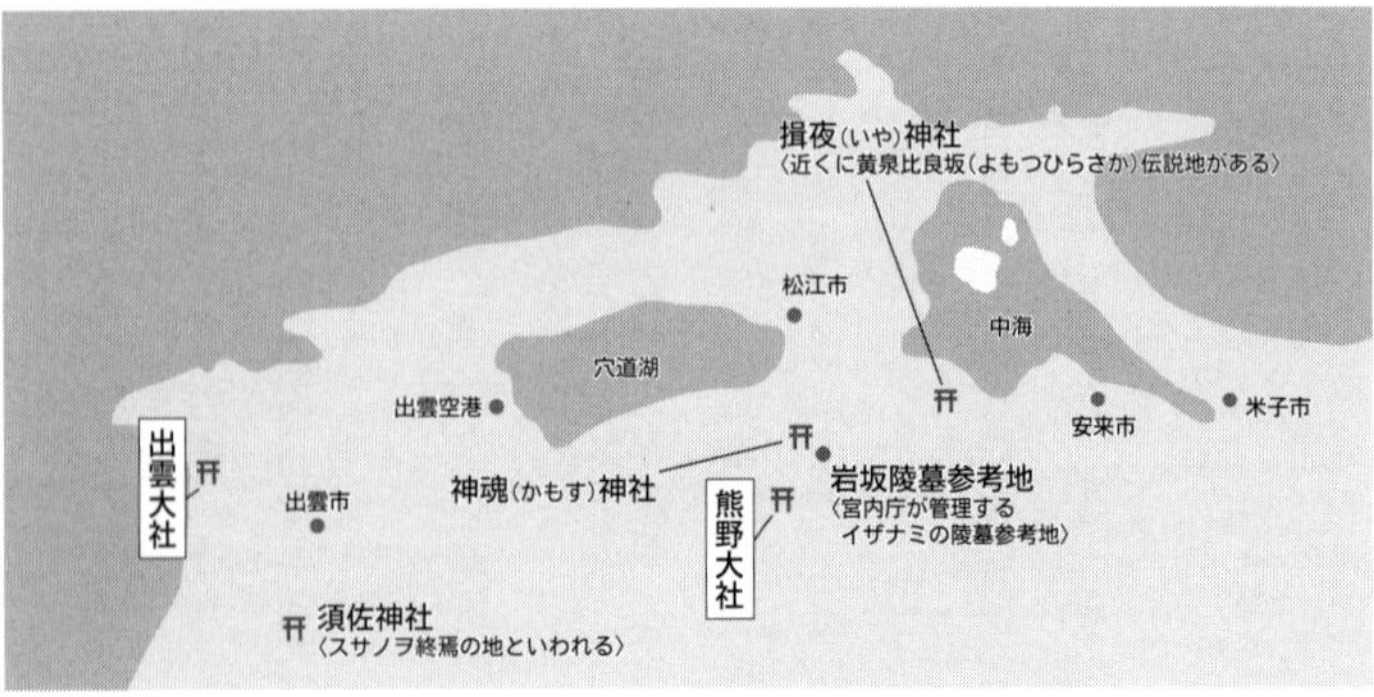

坐神）は中央の視野に入っていなかったと思うからだ。ちなみに同じ紀伊国でも伊太祁曽神は五十四戸も与えられているから、熊野川より紀の川近辺の注目度が高かったことになる。

その後、本宮の社格は急速に上昇、『延喜式』神名帳では伊太祁曽神社と同じ名神大社と最高位にのぼる。本宮にとって伊太祁曽神社への対抗も含めて、「木の国を代表する神社はこちらだ」という意識があったのではなかろうか。

時あたかも、上皇や法皇の熊野詣、熊野御幸が始まった。熊野御幸は九〇七年の宇多法皇から一二八一年の亀山上皇までとされているが、その間、白河上皇九回、鳥羽上皇二十一回、後白河上皇三十四回、後鳥羽上皇二十八回など回を重ねた上皇も多く、京の都は熊野ブームに包まれた。

そうなると主祭神がただ「熊野にいらっしゃる神様」では何となく物足りなくなる。よりもっともらしい、有難い神名に変えたいという気持ちになったのではないか。そこで選ばれたのが「木つ御子」が転じた家津御子だった、と私は想像する。

そこに出雲の熊野大社がからんでいるのである。

熊野大社は『延喜式』では熊野坐神社とされた。熊野本宮大社の旧名と同じだ。ほかにも出雲と紀伊の双方に同名の神社があるなど出雲と熊野の共通性については諸説あるが、

出雲の熊野大社（島根県松江市）

ここでは立ち入らない。ただ「〇〇（地名）坐神社」はよくある社名だから、双方にあったとしても不思議はない。たとえば、私が前に住んでいた奈良県明日香村には飛鳥坐《あすかにます》神社、甘樫坐《あまかしにます》神社、飛鳥川上坐宇《あすかかわかみにますう》須多伎比売命《すたきひめのみこと》神社などがある。

紀伊の熊野には、「先進地」で『記・紀』神話に多くの話が取り入れられた出雲へのあこがれと親近感があり、それが神名の変更に影響したと思う。熊野大社の祭神は櫛《くし》御気野命《みけぬのみこと》である。木の国にふさわしいキツミコ（木つ御子）と出雲のクシミケヌ（櫛御気野）が混じり合って、新しい神名・ケツミコ（家津御子）が出来上がったのではなかろうか。

近代神道史学の先駆者といわれる宮地直

一氏は家津御子の神名について「恐らくは櫛御気野の転称なるべく」とする（遺稿集『熊野三山の史的研究』、一九五四年）。『和歌山県史』は宮地氏の見解に則して、本宮の祭神は出雲・熊野坐神社の祭神櫛御気野命の転訛《てんか》とするのが正しいだろう、と書いている。

この出雲の神は皇祖神アマテラスを生んだイザナキとつながりがある。となると本宮の「格」を上げるにも都合がいい。

熊野大社の鎮座するところは古代に出雲国意宇《おう》郡と呼ばれた。出雲国造家《こくそうけ》が意宇郡から現在出雲大社のある出雲郡杵築郷《きづきのさと》に移ってそちらが有名になったが、熊野大社が元々の本拠だった。

櫛御気野命の正式名は「伊邪那伎日真名子加夫呂伎熊野大神櫛御気野命《いざなきのひまなごかぶろぎくまののおおかみくしみけぬのみこと》」という長い名である。頭に乗っているのは「イザナキが可愛がっている神聖な御子」という枕詞。つまりイザナキの子というわけだ。

この神は『出雲国風土記』や「出雲国造神賀詞《いずものくにのみやつこのかむよごと》」にも登場する。

全国から提出された風土記の中で唯一元の形で残っている『出雲国風土記』は、天平五年（七三三）に出来上がった。その意宇郡の項に「伊弉奈枳《いざなき》の麻奈古《まなご》に坐《ま》す熊野加武呂《かむろ》の命」というくだりがある。

一方、「出雲国造神賀詞」は奈良、平安時代に新任の出雲国造が朝廷に参向して、天皇と王権を寿《ことほ》ぐ祝詞《のりと》である。その中に「伊射那伎の日真名子、加夫呂伎熊野の大神、櫛御気野命」という神名が出てくる。熊野大社の祭神名は「出雲国造神賀詞」に由来すると思われる。

6　ケツミコとスサノヲ

本宮大社の主祭神である家津御子大神はスサノヲノミコト（『古事記』は須佐之男命、『日本書紀』は素戔嗚尊と表記）と同神とされている。ケツミコとスサノヲはどこにどんな接点があったのだろうか。

江戸時代、天保年間（一八三〇―一八四四）に完成した紀州藩の地誌『紀伊続風土記』は「那智山」の項で「家都御子は素戔嗚尊の又の御名なり」と断定的に語っているから、このころまでにはケツミコ＝スサノヲが定着していたのだろう。

興味深いのは、『紀伊続風土記』の筆者が「木」をキーワードにスサノヲ・イタケル（五十猛）神親子とケツミコを結び付けていることだ。スサノヲが自身の毛でいろいろな木を生みだしたとか、イタケルがこの国を緑豊かにして紀の国の大神になったなど『日本書紀』の記述を背景に見解を述べている。『紀伊続風土記』の「新宮」の項に出てくるその部分を、今の言葉にしてみよう。

スサノヲノミコトは御子のイタケルノミコトをこの国に遣わし、自らも熊野に遷座された。これはもっぱら木を守る御意向だったと思われる。この熊野で家津美御子神と称《とな》え奉《たてまつ》るのは、奇霊御木野《くしびみけぬ》と称えるのと同じに、木津持御子《けつみみこ》の意味であろう。

私は「木つ御子（王子）」が「家津御子」になったのではないかと書いた。『紀伊続風土記』の記述は心強い援軍だが、同書からはケツミコ＝スサノヲの観念がどの時代までさかのぼれるのかはわからない。

伊勢と熊野の神が「同体」か「非同体」かをめぐって論争した『長寛勘文』に注目すべきコメントがある。「非同体」を論じた太政大臣藤原伊通《これみち》のものとみられる勘文は、物部氏に伝わる『先代旧事本紀《くじほんぎ》』に「建速素戔嗚尊《たけはやすさのをのみこと》は出雲国の杵築《きつき》神宮（出雲大社）に坐《ま》す」とあることを取り上げ、「按《あん》ずるに出雲の国ならびに紀伊の国は同神に似たり」と記している。「出雲のスサノヲと同神の熊野が、伊勢と同体のはずがない」といいたかったのだろう。

『長寛勘文』の論争は十二世紀中ごろだ。「非同体」の主張のための論旨展開だから、これをもってケツミコ＝スサノヲの観念が当時芽生えていた、とするのは強引かもしれないが、そうした史料があることを指摘しておきたい。

スサノヲがケツミコと同神とされた背景には、熊野坐神《くまのにますかみ》が家津御子になったのと同じく、出雲の影響があったと思われる。

出雲では、熊野大社の祭神・櫛御気野命《くしみけぬのみこと》がスサノヲの別名であるという解釈が早くからあった。先に、櫛御気野命の名に「イザナキが可愛がっている御子」という枕詞が付いていることを紹介したが、スサノヲはイザナキの子の一人である。

上皇や法皇の熊野詣が盛んになったころ、熊野坐神に代わって櫛御気野命を参考に「家津御子」という新しい祭神名が導入された。スサノヲはクシミケヌと一緒に本宮の地に入ってきたのかもしれない。「木」を媒介にスサノヲ・イタケルと親近感のあった熊野では、スサノヲを受け入れることに抵抗感はなかったのではなかろうか。郷土史家の酒井聰郎氏は、大和の中央政権が「家津御子」と「素戔嗚尊」を本宮に「セットにして押しつけた」という見解を語っている（「熊野歴史研究」第11号、二〇〇四年）。

ヤマト王権にとって出雲が大きな存在だったことは、『記・紀』神話に出雲の神々や伝承が数多く取り入れられていることからもわかる。それは出雲の平定が王権の全国支配の最後のステージであり、天武王朝下の『記・紀』の編纂者たちにとっても記憶に新しい出来事だったからではなかろうか。

ヤマト王権は、「根の国」「死者の国」を観念するためにも出雲を必要とした。神日本磐余彦（神武天皇）らヤマト王権の創始者たちは「海の民」だった。彼らは水平線の彼方に理想郷・常世を想う水平的な世界観をもっていた。しかし海と別れ、大和という内陸地で支配するにあたって、天上に至高神があり、地上は大王（天皇）が支配し、地下に暗い根の国・黄泉の国があるという垂直的な世界観の構築を迫られた。

その死者の国に選ばれたのが大和の北西に位置し、太陽の沈む方向にある出雲だった。出雲に「地下の世界」を押し付け、垂直的な世界観を完成させようとしたのだろう。

私は『ヤマト王権幻視行』（方丈堂出版）の中で、こうした見解を述べた。

「熊野」の名のついた社や神が出雲と熊野双方に存在したといっても、それらが朝廷に伝えられ、朝廷がその存在を意識したのは、出雲のほうが早かったであろう。

たとえば『記・紀』が伝えるアマテラスとスサノヲの誓約《うけい》の場面だ。誓約は「あらかじめこうなる」と宣言し、その通りになるかならないかで正邪を判定する占いである。

『古事記』はスサノヲがアマテラスの手に巻いた玉を噛みくだいて吹き出した霧から熊野久須毘命《くすびのみこと》が生じた、と語る。一方、『日本書紀』はスサノヲがアマテラスの御統《みすまる》（勾玉《まがたま》や管を用いた飾り）を噛んで吹き出した霧から熊野櫲樟日命《くすびのみこと》が生まれた、とする。『日本書紀』の一書は熊野忍踏命《おしほみのみこと》、熊野忍隅命《おしくまのみこと》などの名を記しているが、みんな同神だろう。

「熊野久須毘・熊野櫲樟日」が「熊野牟須美（夫須美）」と音が似ているからといって

「紀伊熊野の神名は『記・紀』の時代までさかのぼれるほど古い」とはいえまい。『記・紀』に出てくるのは出雲に関わる神だと思う。

もうひとつ大事なことを指摘しておきたい。本宮が祭神名を変えるにあたって出雲の神・櫛御気野命を参考にしたため、家津御子が「穀物神・食物神」であるという解釈が生まれたということである。

これまで述べてきたように、私は本宮の本つ神は「木や水の神」「狩猟の民が奉じた神」であると考えている。そこへ稲作祭祀を背景にした「結早玉（結玉）」という農耕神が今来《いまき》（新来）の神として迎えられた、というストーリーだ。いわば縄文時代の香りさえする神のところに、弥生の神がきたわけである。

出雲の神クシミケヌの「クシ」は「奇《くし》」、「ミケ」は「御食《みけ》」「御饌《みけ》」、つまり食物神という解釈が一般的だ。熊野坐神の時代は性格の異なる神々がうまく住み分けしてきた。しかし家津御子になって以降、その性格をめぐって微妙な混乱が生じるようになったといえまいか。

熊野の歴史・地理に詳しい桑原康宏氏は、二つの神格の出会いをより積極的に「融合」ととらえ、家津御子は「木や水の神」と「食物神」という二つの顔をもつようになったと解釈する。

VI 大滝

1 滝本から始まった祭祀

これまで熊野速玉大社、熊野本宮大社の創始とその本つ神を考えてきた。熊野川河口ではもともと「アスカの神」が信奉され、本宮の旧社地である中洲には狩猟時代を想起させる木と水の神が祀られていた。そこに稲作祭祀を背景にした熊野独自の神格「結早玉（結玉）」がやってきた。その今来の神を新しい宮を建てて迎えたのが新宮の創始であり、本つ神の社に並べて祀ったのが本宮の創始だった。そんなストーリーを展開してきた。

では、熊野那智大社はどうであろうか。

那智山はその祭祀の根源が大滝（御滝《おたき》）への信仰にあったことは明白で、異論のないところだろう。

私は、「熊野の祭りの基層には太古、黒潮にのってたどり着いた海の民の『海からの眼差し』がある」と書いた（谷川健一・三石学編『海の熊野』森話社、二〇一一年）。熊野の海浜に定着し漁撈に生きた人びとにとって、小舟から見える山、大岩、滝などは自分の位置を知り、良い漁場に向かうための「山たて（山あて）」の目標物だった。

身の安全や豊漁をもたらしてくれる目標物が祈りの対象になっていったことは想像に難くない。有馬の花の窟や新宮・神倉山のゴトビキ岩などとともに、海からも見える那智の滝は大昔から海の民の崇拝を集めたことだろう。

那智の大滝がいつから祭祀の場になったかはわからない。那智大社の社伝は「神武天皇が熊野灘から那智の『にしきうら』に上陸された時、那智山に光が輝くのをみて大滝をさぐりあてられ、大滝を神として祀った。その御加護で無事大和へお入りになった」とする。また『熊野年代記』には「（第十六代）仁徳天皇五年に那智山に大滝が出現」とあり、滝信仰の始まりを仁徳時代においている。

こうした伝承は、もとより信じるに足りない。「本宮の創建は（第十代）崇神天皇時代」「新宮は（第十二代）景行天皇時代」といったものと同様だ。

那智山について古い年代の記事が出てくる史料に「大法師浄蔵伝」がある（『続々群書類従』第三）。それによると三善《みよし》浄蔵は二十五歳で那智山に籠り、滝本に庵を結んで三年間修行した。入山は生年から計算して延喜十五年（九一五）になる。三善浄蔵は、菅原道真に

熊野那智大社の「火祭り」(「扇祭り」とも)

辞職勧告をした三善清行の子である。厳しい修行で法力をつけ、調伏《ちょうぶく》などの逸話をもつ人物だ。

平安時代の私撰歴史書『扶桑略記』によれば、永保二年(一〇八二)十月十七日に新宮と那智の僧徒が神輿《みこし》を奉じて入京、尾張国司による僧殺害について強訴した、という。新宮と那智の連携を示す古い史料のひとつである。

神武や仁徳の伝承は史実ではなかろうが、那智信仰の大本が滝にあったという点では、それなりの意味がある。人びとの那智に対するあこがれや信奉の中心が今もなお「お滝」にあることは、七月十四日の火祭りの主舞台が滝本とそこに下る石段に設定されていることにも表れている。

那智の火祭りは「扇祭り」とも呼ばれる。大松明《おおたいまつ》とともに、縦長の扇神輿が主役を演じるからだ。本社からしずしずと下ってくる十二基の扇神輿を、滝本から上る十二本の大松明が迎える。先端から金色の飾り板が丸く張り出す扇神輿はまさに「太陽」である。それが松明の「火」、大滝の「水」と出会い、交わる。火祭りは田楽舞や田刈式があるなど稲作祭祀の色合いが強いが、稲作以前から引き継がれた信仰——自然物や「命」そのものに対する祈りや畏怖《いふ》——がそこに込められているように思う。

大滝前の飛瀧《ひろう》神社（那智大社の別宮）には本殿がない。大滝がご神体だからだ。インドから渡来したという裸行上人《らぎょうしょうにん》、役行者《えんのぎょうじゃ》、花山《かざん》法皇。そこで修行し、そこに参籠《さんろう》したといわれる人物は大勢いる。和歌山県立博物館の大河内智之氏は「少なくとも十世紀後半頃には、社殿を伴うような祭祀の場が山内に設置されていた可能性がある」と述べている（同博物館編『熊野・那智山の歴史と文化』、二〇〇六年）。

那智の滝に下る参道沿いで大正七年（一九一八）、経筒・仏像・仏具など二百五十点もの仏教遺物が発見され「那智経塚」と名付けられた。その後も発見が相次ぎ、平安後期から中世を通じて継続的に埋納が行われたことがわかった。

那智大社の社殿が現在の場所に建てられたのは、大滝周辺での祭祀の始まりより後のことである。滝本が手狭になったのだろうか、山を削って日当たりのよい場所に建築した。

那智の火祭りのフィナーレ。大滝の前に扇神輿が並ぶ

十三世紀末につくられた「一遍聖絵《ひじりえ》」には那智大社の社殿が描かれているから、鎌倉時代には現社地に建てられていたのだろう。

熊野那智神社の宮司を務めた松井美幸《みゆき》氏は、移転の時期を「後鳥羽院の御代《みよ》後」とみている（「熊野三山とその信仰」山岳宗教史研究叢書4『吉野・熊野信仰の研究』名著出版、一九七六年）。後鳥羽上皇は一一九八年から一二二一年まで院政をしいた。

問題は那智大社の祭神である。今は熊野夫須美大神を主祭神としているが、いつからそうなったたか、なぜ夫須美（牟須美）神なのか興味のあるところだ。

那智山は、「熊野早玉神社」「熊野坐神社」がそれぞれ大社、名神大社として載っている『延喜式』神名帳にその名が出てこない。『延喜式』は延長五年（九二七）にまとめられた。つまり十世紀のはじめはまだ朝廷の認知する社ではなかったのである。

『紀伊続風土記』の「那智山」の項には次のように書かれている。


当山にては西御前（夫須美神・結《むすび》ノ宮）を本社と言伝《いいつた》ふと云《いう》。されとも、そは古き伝にはあらし。

『紀伊続風土記』の筆者は、「那智山の本つ神は、あくまで大滝だ」といいたかったのだろうか。

2　女神を受容する土壌

那智山は大滝への信仰から始まった。そこが新宮や本宮と神々を共有し「熊野三山」という形でまとまったのは、平安時代後半のことではないかとみられている。

那智の本つ神（大滝）は、本宮や新宮のそれよりも可視的で強力だった。そんなカミをもっているだけに、新しい共通の神を迎えることに抵抗感があったかもしれない。

僧侶や修験者の修行の場として発達した那智山は、それを支える人たちも他の二山と色合いを異にしていた。『紀伊続風土記』は「那智山は禰宜《ねぎ》神主なく皆社僧なり」と記している。僧侶と神職がときにつばぜり合いを演じた本宮や新宮とは一味違っていたようだ。

さて、那智大社の祭神の歴史である。『紀伊続風土記』が「夫須美神を西御前と称し、又結ノ宮と称す」という通り、那智大社の主祭神は熊野の神格「結早玉（結玉）」が分かれたうちの「結神」であることは明らかだ。

ではなぜ「結」が那智大社の主神になり、「早玉」が速玉大社の主神になったのだろうか。「結早玉」が今来の神としてやってきたのは熊野川河口が一番早かった。そして「結」は親神で「早玉」は子神である。新宮では親神「結」をその主神に選ぶのが自然のように見えるのに「早玉」を選択し、それが速玉大神になった。

この「なぜ」について速玉大社の創始のところで私の考えを述べた。

①「早玉」は地母神から生まれた勢いのある霊《たま》・魂《たま》で、力強い響きをもっている、②そこには海の彼方の理想の地（常世）から波を切ってやってくる「速玉」のイメージがあった、③それが、以前から河口にあった「寄り来る神」への信仰とも重なった、といった推測である。

こういっては神様に失礼かもしれないけれど、「早い者勝ち」で新宮が「早玉」を選んだ後となれば、那智には「結」しか残らない。「お滝」を主祭神にしたかっただろうが、それだと三山が「四神」を共有することになり、「熊野三所権現」と辻褄《つじつま》が合わなくなる。でも「受け身」ではなく、那智自身に「結」を好む理由はなかったろうか。

そこで思い当たるのが那智大社蔵の女神坐像（口絵4）である。像高五十センチ足らずの木像で、髻《もとどり》を結った髪を背中と両肩の前に垂らし、両手は袖に隠して胸前に掲げている。目は細いが、唇に力強さを感じさせる、威厳のある姿をしている。和歌山県立博物館の大河内智之氏は十世紀につくられた像とみている。

「女神像」がだれに、どんな理由でつくられ、祀られていたかはわからない。速玉大社蔵の国宝の男女神坐像（速玉大神・夫須美大神像）と同じように、地元の豪族の祖霊神だった可能性もある。いずれにしても、熊野三山成立以前と思われる時期に那智山で女神が祀られていたということは、そこに「結」神を受け入れやすい素地があったといえまいか。

「結」は「産《むす》（生み出す）」神、つまり地母神である。同じ南海にそのルーツをもつ『記・紀』神話の神イザナミと結び付きやすかった。それが熊野を「イザナミの王国」にした。

那智の滝は農耕、稲作に欠かせない水をもたらす。作物・豊穣の「母・結」とその生育に欠かせない「水・お滝」は親和性が高い。結神が夫須美になり、イザナミと同体化したことは自然の流れだったように思える。

昭和十七年に「官幣中社熊野那智神社」が発行し、昭和五十五年（一九八〇）に復刻された『熊野三山とその信仰』（名著出版）によれば、いま飛瀧神社になっている滝本の広場あたりを、古老は「ふすみ様」と呼んでいたそうだ。

社僧が山内を取り仕切り、後に観音浄土とみなされるようになっていった那智山では、本地仏がことのほか大事にされた。夫須美神の本地は千手観音である。千手観音は、大滝の姿に由来するともいわれている。熊野の歴史に詳しい山本殖生《しげお》氏は次のように書いている。

聖水が流下し、途中の硬い熊野花崗斑岩の岩壁にあたり飛散している。その飛沫で岩壁の周りに植物が生え茂る様相は、確かに千手観音が手を広げた容姿を連想させる。この大岩壁には、千手観音の大きな磨崖仏《まがいぶつ》が彫られていたようで、『百錬抄』は、治承四年（一一八〇）十二月十六日条に、それが地震で崩壊したと記す」（「熊野三山の原像を聖地景観から探る」「山岳修験」第46号、二〇一〇年）。

那智の大滝は大己貴命《おおなむちのみこと》である、ともされてきた。大国主神、葦原色許男神《あしはらのしこを》、八千矛《やちほこ》神などいろいろな名前、神格をもつ出雲出自の神だ。那智の水は延命長寿に効能があるという。神話が伝えるオオナムチやオオクニヌシは多くの女性から愛される艶福家であり、殺されても生き返る復活神である。法皇や上皇がそれを願って熊野三山に詣でたように、「延命長寿願望」が、お滝の水と出雲の神を結び付けたのだろう。

本宮は「山の熊野」、新宮と那智は「海の熊野」とも呼ばれることがある。本宮は山間にあり、山岳修験の聖地だ。新宮と那智はそれぞれ河口の祭りや補陀落渡海《ふだらくとかい》など海と関係が深かった。

新宮には、後から神を共通にした那智山を「身内」にして本宮と対抗しよう、という意図があったような気もする。朝廷から先に認知された新宮だが、十世紀に入って本宮の追い上げを受け、その祭神の位は天慶三年（九四〇）正一位で並ばれた。上皇や法皇の熊野御幸が盛んになり、阿弥陀如来の浄土・本宮の人気が高まったのに対し、新宮と那智は連帯感を強めていった。それは海を媒介にした「結早玉連合」でもあった。

那智大社と、西国三十三所巡礼の第一番札所・青岸渡寺が仲良く並ぶ高台から那智の滝を眺めながら、私はそんな幻想にかられた。

3　那智に移った中心軸

本来別々の発祥をもつ熊野三山は、本宮と新宮の祭神が先行して位を上げ、そこに那智山が加わって平安時代後期に三所権現として成立した。

新宮が海という古くからの交通ルートに沿う河口に位置し、本宮は熊野川をさかのぼった山中にあるという事情からだろう、中央の朝廷に認知されたのは新宮が早かった。先に述べたように、天平神護二年（七六六）にそれぞれ四戸の封戸を与えられた熊野牟須美神と速玉神は、ともに新宮の神だった。奈良時代はまだ本宮（熊野坐神）は中央の視野に入っていなかったようだ。

本宮は平安時代に入って新宮を急速に追い上げる。延長五年（九二七）にまとめられた延喜式では両社は「大社」で並び、天慶三年（九四〇）には熊野坐神は熊野速玉神とともに正一位と最高の地位に昇りつめた。

十世紀後半以降は「本宮中心の時代」ともいえよう。上皇や法皇の熊野御幸は延喜七年（九〇七）の宇多法皇の参詣が嚆矢《こうし》とされる。その後、白河上皇の九回、鳥羽上皇の二十一回、後白河上皇の三十四回、後鳥羽上皇の二十八回など盛況を極めた。

建仁元年（一二〇一）、後鳥羽上皇の御幸に同行した藤原定家は、疲労と病でふらふらになりながらも本宮で上皇参拝の準備をし、歌会の講師を務めた（『熊野御幸記』）。当時の熊野詣は本宮大社が主目的だった。

本宮の主祭神・家津御子の本地仏は阿弥陀如来である。法皇、上皇から病の快癒《かいゆ》を願った庶民まで、人びとは「阿弥陀の浄土」で現世の安寧《あんねい》と極楽往生を祈った。

新宮から本宮へと変遷した熊野三山の中心軸は鎌倉時代以降、那智山に移った、と私は思う。

熊野那智大社の主祭神・熊野夫須美大神の本地仏が千手観音で、大滝が千手観音の示現《じげん》と思われていたように、那智山は「観音の浄土」であった。

南方海上にあるという観音浄土をめざす入水《じゅすい》、入滅《にゅうめつ》行である補陀落渡海は、那智の浜辺から乗り出した。阿弥陀信仰から観音信仰へという軸変化は、那智大社に並ぶ青岸渡寺を起点とする西国三十三所巡礼に引き継がれ、近世まで続くことになる。

転換の画期は、政治的には承久《じょうきゅう》三年（一二二一）に起きた承久の乱であり、美術的には東京都港区にある根津美術館蔵の国宝「那智瀧図」（口絵7）ではなかろうか。

承久の乱は後鳥羽上皇が鎌倉幕府に対して兵を挙げ、失敗に終わった事件である。熊野別当はじめ三山勢力の多くは上皇方につき、荘園を失うなど大きな打撃を受けた。三山の指導者として権勢をふるった別当は、その後の内部抗争もあって衰退し、歴史の表舞台から消えていった。

「那智瀧図」は縦長の絹地に、岩壁を落下する大滝を描いた絵画である。その構図は大胆かつ新鮮で、フランスの文化相を務めたアンドレ・マルローがこの絵を見て感激し、現地を訪ねたというエピソードもある。

二〇一二年一月二十一日に「国宝『那智瀧図』の聖性」と題する熊野学フォーラム（明治大学・新宮市主催）が東京で開かれたので、視聴した。講演した宗教学者の山折哲雄氏は、「これは風景画か宗教画かという論議があるが、瀧図の中に神仏信仰、山岳信仰が分かちがたく描かれている。本質において熊野曼荼羅《まんだら》である」と語った。

また瀧図を詳細に解説した奈良国立博物館研究員の清水健氏によると、滝本に描かれた杉に板碑伝《いたひで》がいくつも打ちつけられ、大きな木碑伝《もくひで》も建てられている。「碑伝」は修行者が修行を終えたというしるしである。那智大社に伝わる古記録は、弘安四年（一二八一）に那智山に参詣した亀山上皇が滝本に卒塔婆《そとば》を建てたと記している。描かれた木碑伝は、その卒塔婆なのだろうか。

亀山上皇のこの熊野参詣は十世紀から続いた法皇、上皇の御幸の最後であった。弘安四年は、文永十一年（一二七四）の蒙古《もうこ》襲来（文永の役）に続いて蒙古の大軍が北九州を襲撃した年でもある（弘安の役）。亀山上皇は蒙古降伏《ごうぶく》を社寺に祈願している。那智の大滝と千手観音にも国家鎮護を祈ったことだろう。

清水氏は、「那智瀧図」は亀山院が南都の絵仏師・快智に描かせたと考えている。台風という「神風」が蒙古軍を撤退させたことへの感謝の念を込めたのかもしれない。

二〇一三年一月、私は根津美術館で三年三か月ぶりに公開展示された「那智瀧図」を拝観した。薄暗い展示室の奥、ほのかな照明に名品が浮かぶ。画面を縦に切り裂き、白い水流が一気に下る。瀧幅は下方で岩場にはじけて倍ほどに広がる。周りの静けさを破る瀑布音が聞こえてくるかのようだ。この名画にじかに接するため、出向いたかいがあった。

那智山・青岸渡寺から岐阜県揖斐川町《いびがわちょう》にある谷汲山華厳寺《たにぐみさんけごんじ》まで、三十三か所の霊場を旅する巡礼が史料に現れるのは、応保元年（一一六一）三井寺の高僧がまわったという記録からだという。

鎌倉時代は行者、山伏、僧侶などが主だったが、室町中期になると一般の人びとの参加も多くなった。とりわけ東国からの巡礼者が目立ち、それが伊勢神宮と那智山を結ぶ熊野古道・伊勢路を活況にした。本宮から那智へという中世以降の軸の変化は、熊野古道でいえば法皇や上皇が通った中辺路《なかへち》から伊勢路へという重点移行でもあった。

那智山自体も全国に那智信仰を広め、参拝客を増やすため山伏や熊野比丘尼《くまのびくに》を派遣してPR・勧進活動を展開した。彼ら彼女らが持参したのが「那智参詣曼荼羅」や「熊野観心十界図」だった。

那智大社蔵の「那智参詣曼荼羅」は室町時代末につくられた縦百五十センチ、横百六十三センチの絵画である。右上に大滝、左上部に那智大社が描かれ、白装束の夫婦が絵を見る人たちの分身のように各所に描かれている。夫婦は海岸で補陀落渡海に旅立つ僧たちを拝み、山内の各所を回って、最後は死者が向かうという妙法山阿弥陀寺への石段を上って行く。

那智大社の佐藤寿晃文化財課長によると、「那智参詣曼荼羅」は室町から江戸初期にかけて作成されたといわれ、現在、那智大社のものを含めて三十五本が確認されているという。この時期に全国でつくられ現存する「社寺参詣曼荼羅」は約百本といわれる。その三分の一が「那智参詣曼荼羅」というわけだ。同時期の本宮や新宮の参詣曼荼羅は見つかっていない。これも、中近世の熊野三山の中心軸が那智山にあったことの一例といえよう。

Ⅶ　痕　跡

1　宣長と産田社の絆

熊野三山で共通に祀られている夫須美《ふすみ》（牟須美《むすび》）大神と速玉大神の原郷は南海にある。黒潮に乗って熊野市・有馬の地に流れ着いた「女神が死に、そこから作物（豊穣）がもたらされた」という神話は、熊野独自の神格「結早玉《むすびはやたま》（結玉）」に発展した。

「結早玉」はまず今、速玉大社がある熊野川河口に遷《うつ》り、次に熊野川をさかのぼって本宮大社の旧社地・大斎原《おおゆのはら》に遷座した。那智山は新宮や本宮に遅れて夫須美神を主祭神に祀り、そこに熊野三山が成立した。

と、これまでそんなストーリーを語ってきた。熊野三山の神々のゆかりの地は有馬というわけだ。ならば、有馬の名や、有馬にある花の窟《いわや》や産田《うぶた》神社の伝承、祭祀などの「痕跡」や「物語」などが三山に残っているはずである。それらを探ってみたい。

森に包まれた産田神社（熊野市有馬町）

とはいえ、「痕跡」「物語」があるからといって、それがそのまま三山の神が有馬から来た証拠になるとは限らない。平安時代後期に三山が成立した後で、いや場合によっては近世になってから「有馬伝説」が意図的につくられた可能性もあるからだ。そのあたりを見定めなければなるまい。しかしその場合でも、熊野三山が有馬（花の窟・産田神社）を意識していたという例証になるだろう。

まず速玉大社からみてみよう。

那智大社に残る江戸時代の「熊野三山図」には、新宮の東、新宮城下の熊野川岸の建物に「産田遥拝所」と書かれている。小さな字なのでよく見ないと識別できない。対岸の奥には「有馬村」の文字が読め、産田社が描かれている。この絵図は延宝八年（一六八〇）に幕府に提出した絵図の控えではないか、と考えられている。

十八世紀中葉に地図考証家の森幸安が書写・収集した地図類の中にある「紀伊国牟婁郡熊野三山之御図」の新宮部分をみると、「産田遥拝所」の文字がよりはっきりわかる。前者から写した地図だろう。「産田遥拝所」は、新宮が産田社に一目置き、重視していたことを示していると思う。

産田神社は江戸時代に新宮の傘下に入った時期がある。それは江戸末期・嘉永七年（一八五四）ごろの作とみられる「新宮末社之図」でわかる。そこには今の三重県域にある大《お》馬《お》山《ま》（大馬神社）、花ノ岩屋（花の窟）、産田社、神之上（神上神社）、金ノ山（金山神社）の五社が描かれている。坂上田村麻呂の鬼退治伝説が残る大馬神社には境内の滝が描かれ、花の窟は「お綱」から三本の縄《なわ》の幡《はた》が下がっている。今と同じ形だ。産田社は「一ノ宮」「二ノ宮」が左右に並んでいる。イザナミとカグツチを祀る社殿であろう。

産田神社と新宮（速玉大社）の関係について興味深い史料がある。大正十四年（一九二五）刊行の『南牟婁郡誌　下』の中の「社寺誌」の有井村（有馬）の項に載っている「本居宣長より産田社神官に贈りし書翰《しょかん》」である。

有馬村産田神社の御事御尋の趣《しゅ》致《ち》承知候。件《くだん》の御社は日本書紀に如比《このごとく》相見候へば、尤《もっと》も縁起正しく、並々ならず、やんごとなき御事に候也。但《ただし》近年熊野新宮の摂社末社など申す儀は、古書に於ては更に見る所無之《これなしに》候へ共《ども》、此の儀は当時の御掟《おきて》にも御預り候儀なれば愚老ども料簡《りょうけん》の及ばざる處《ところ》に候也。

十二月十七日　　　　　　　　本居中衛宣長

森　右京殿

宣長の手紙には、イザナミを有馬村に葬ったという『日本書紀』の例のくだりが入っていたのだろうが、『南牟婁郡誌』はその部分を省略している。

「中衛」は宣長の通称。森右京は宣長と親交のあった産田神社の神主である。森右京が宣長にあてた手紙は残っていない。多分、「イザナミノミコトがそこで火の神カグツチをお産みになった伝統の社なのに、なんで新宮の末社になってしまったのか」という、愚痴めいた問いかけだったのではなかろうか。

宣長は「お尋ねの趣旨はわかります。産田社は『日本書紀』神代紀にあるように、縁起正しい尊い神社です。ただ産田社が近年に新宮の摂末社になったことについては、その当時の定め事に従ったことと思われ、私にはよくわかりません」といった返事をした。見ようによっては、ちょっと逃げた感じである。

『南牟婁郡誌』の宣長の手紙には年が入っていない。本居宣長記念館（三重県松阪市）に問い合わせたら、寛政十二年（一八〇〇）十二月十日付の森右京宛の手紙の草稿が残っているると教えてくれた。内容はほぼ同じだ。両者のやり取りからみて、産田神社が新宮の摂末社になったのは寛政よりしばらく前の出来事だったのではなかろうか。

新宮市立図書館の山﨑泰氏は、「独立していた神社が他社の摂末社になる一番大きな理由は財政問題ではないか」と語る。経済的に行き詰まると、修繕や神職の雇用もままならなくなる。それを救うため関係のある神社が面倒をみる、というわけだ。

産田神社のケースがそうだったかどうかはわからないが、双方に「新宮の神様は産田と深いつながりがある」といった意識、認識があったからこそ「グループ入り」したのではなかろうか。

花の窟には「木の国や花のいは屋に引く縄の　長くたえせぬ里の神わさ」の歌碑が建っている。寛政六年（一七九四）に六十五歳の宣長がつくった歌という。詞書《ことばがき》には「紀の国の花の岩屋の歌その里人のこひければ」とある（『本居宣長全集』第十五巻、筑摩書房、一九六九年）。依頼人は森右京かもしれない。

2 那智山にわたる有馬の歌

熊野速玉大社（新宮）と花の窟《いわや》、産田《うぶた》神社は祭祀でも結ばれている。延宝七年（一六七九）につくられた『熊野神廟記《しんびょうき》』には新宮の祭礼年中行事が記されている。

その中に次のような祭事がある。今の言葉にしてみよう。

四月八日　伊弉冉尊《いざなみのみこと》の御前に榊《さかき》を立て、花を供し、神酒を奉って祭る

十一月十五日子刻（深夜）　有馬村の産田社と大般若涅槃《だいはんにゃねはん》岩屋（花の窟）で、それぞれ伊弉冉尊を祭る

神社本庁教化課長の嶋津宣史氏は、熊野那智大社蔵の「花窟祭礼図」（江戸時代）の描写から、四月八日の祭りは花の窟の前で行われていた、とみる。そして四月と十一月の祭祀は予祝と収穫に関わる農耕儀礼と判断している（「花の窟と熊野三山の祭り」『儀礼文化』第十九号、一九九三年）。

「花窟祭礼図」では、桜だろうかピンクの花が咲いた木を飾った岩屋の前に、神職たちが四角く並んでいる。岩屋の前の神職は赤い幡《はた》を、向かいの人たちは花の枝を手にして

いる。左右の神職たちは笛を吹いたり、鼓をたたいたりしている。まさに「花の時には花をもて、また鼓、吹《ふえ》、幡旗《はた》をもて、歌い舞いて祭る」という『日本書紀』の記述のままである。

「花窟祭礼図」は実際の描写ではなく、新宮の祭事を念頭に置いた絵師の想像図かもしれないが、何人かの神職が花の枝を手にもってイザナミの霊に捧げようとしている様子が注目される。

現在の「お綱掛け神事」では三本の縄の幡の先に季節の花をつける。しかし私は、有馬で当初行われていた祭り（稲作祭祀）は本宮の例大祭の「挑花《ちょうばな》」やこの「花窟祭礼図」のように花を捧げ持つやりかただったのではないか、と推測している。

新宮の四月八日と十一月十五日の祭礼は、江戸時代、天保年間にできあがった『紀伊続風土記』の中の新宮の年中行事にも記されている。十一月については「於産田宮遥拝所」とあるから、有馬まで出向いていたのが、手近なところで行うように変わったのかもしれない。「産田宮遥拝所」は、江戸時代の絵図によれば新宮城の下あたりの熊野川沿いにあった。

ところで、本宮大社と那智大社の例大祭の折り、男児による舞奉納に合わせて「有馬窟の歌」と「花の窟の歌」がうたわれることを、前に紹介した。これも熊野三山に残る有馬

大和舞（熊野本宮大社旧社地）

の「痕跡」のひとつである。
その歌を再掲する。

「有馬窟の歌」
有馬や祭りは　花の幡立て
笛に鼓に
うたひ舞ひ　うたひ舞ひ

「花の窟の歌」
花のや岩屋は　神の岩屋ぞ
祝へや子供
祝へ子等　祝へ子等

本宮では、四月の例大祭の締めくくりに旧社地（大斎原）で男児四人が舞う「大和舞」の背景にこの歌が流れる。もっとも聴

沙庭舞（熊野那智大社）

いているだけでは歌詞まではわからない。

昭和九年（一九三四）十一月二十日付の「熊野新報」に興味深い記事が載っている。「本宮権現　大和舞再興　目下稽古中」という見出しがついた小さな記事で、「本宮村官幣大社、熊野坐神社では永年中絶となっている大和舞の再興を計ることゝなり、元那智神社禰宜《ねぎ》、現坐神社禰宜潮崎八《や》百主《おぬし》氏が師範となって盛んに稽古中である」という内容だ。

大和舞と一緒に有馬窟や花の窟の歌も教えたのだろう。舞が途絶えていた本宮に那智から転勤した神職が教えた、というところが面白い。

いま那智大社では、七月十四日の火祭り（扇祭り）で「沙庭舞《さにわのまい》」に合わせてこれらの歌がうたわれる。沙庭舞は男児と女児がそれぞれ舞う大和舞のうち、男児四人による舞である。十三日の宵宮と翌日の本祭に、本殿わきにつくられた舞台で披露される。

二〇一一年七月十三日夜、那智山にのぼり、この舞を見て、歌を聴いた。肌に心地よい風が吹きぬけ、裏山には蟬しぐれという雰囲気の中で、ゆったりした調べが流れ、榊の枝をもつ男児が舞う。それは熊野三山のルーツを語りかけているようにも感じた。

大和舞に続いて、男性の大人たちによって「那智の田楽」が演じられた。室町中期に完成し、ほぼ原形のまま今に伝えられた舞で、国の重要無形民俗文化財に指定されている。田づくり、田植えから収穫まで「稲の一生」を太鼓と笛そして手にしたササラ（竹の先を細かく割って束ねた楽器）の音で演じる舞は、那智大社の神事と稲作祭祀が深く結び付いていることを表している。

「結早玉（結玉）」は稲作の普及、イネの成長を願う祈りが育てた神格だった。那智大社が結神を夫須美神として主神に奉じたのは、早玉（速玉）神が新宮の主神になったためかもしれないが、イザナミとも重なる地母神を選んだのは結果的にふさわしかった。

田楽を参観しながら、私はそんなことを想っていた。

「有馬窟の歌」「花の窟の歌」は、現在の速玉大社では歌われない。だが、宮家準氏は新宮にも本宮や那智と同じような歌や舞があったのではないか、という考えを述べている。

十月十五日の神馬渡御式《しんめとぎょしき》の日、速玉大神の神霊は乙基《おとも》河原につくられた御旅所（仮宮）に着き、そこで神楽や祝詞の奉納がある。宮家氏によれば、江戸時代には祝詞奏上の後に禰宜の「榊舞《さかきまい》」が行われた。そしてこの「榊舞」は有馬窟や花の窟の歌に合わせて男児が舞う、本宮や那智大社の舞とほぼ同じものだったのではないか、と推測するのである（『大峰修験道の研究』佼成出版社）。そういえば、本宮の例大祭でも「大和舞」を舞う男児たちは榊を手にしていた。

有馬窟・花の窟の歌や舞の歴史がいつごろまでさかのぼれるか、はわからない。だが新宮の年中行事を含め、熊野三山それぞれにおいて「有馬」が意識され、歌や舞などで引き継がれてきたという事実のもつ意味は、軽くないと思う。

3　産田社を尊ぶ本宮

本宮大社と有馬の関わりを思わせる事例は、「有馬窟の歌」「花の窟の歌」や例大祭で飾られる「挑花」のほかにあるだろうか。熊野三山で有馬の「痕跡」を一番多く残しているのは本宮だ、と私は思う。

まず産田社である。本宮には昔から産田社が祀られている。江戸時代の「本宮本社末社図」（口絵6）を見ると、旧社地の中洲（大斎原）に本社社殿が描かれ、音無川の対岸に町並みが続く。絵図の上方、東鳥居（今の大鳥居）から中洲を少したどった場所に「産田社」と記され、そこに大きな木と鳥居、こぢんまりとした社殿が描かれている。

現在、産田社は大鳥居から北に延びる参道が世界遺産熊野本宮館の敷地にぶつかる手前の右手にある。先代宮司の九鬼宗隆氏が産田社をことのほか大事にしたというだけあって、きれいに整えられた社である。

九鬼家隆宮司は次のように語る。

「明治二十二年（一八八九）の水害のあと（現在の本宮のすぐ手前の）祓戸王子《はらいど》の鳥居脇に、産田社の碑が置かれていました。先代が元の御鎮座地を探したところ、熊野本宮館の敷地の一角が登記簿に『本宮神社』となっていたことがわかり、そこが産田の旧社地と考えて祀ったのです。先代は有馬の産田神社や花の窟の祭りに出向くなど、イザナミノミコトや有馬への思いを強くもっていました」。

金峯山寺の田中利典執行長、宗教人類学者の植島啓司氏との鼎談《ていだん》集『熊野　神と仏』（原書房）の中で、同宮司はこうも書いている。

大斎原の土地は、川に四方を囲まれ「子宮」の形をしている。（中略）大斎原には二〇〇〇年に立てられた大きな鳥居があり、参道（産道）の延長線上に産田社という社

産田川上流の「まないたさま」

がある。大鳥居の内側からみて正面に位置するこの産田社は、古い絵図にも必ず本宮大社とともに描かれている大切な摂社だ。本宮大社にはイザナミの和御霊《にぎみたま》が祀られているが、この産田社にはイザナミの荒御霊《あらみたま》が祀られている。

荒御霊とは何か。宮司によれば、女性は命を張って別の命を生み出す。そんな女性本来の力、荒々しい命の根源が荒御霊で、それを鎮めたところが産田社だという。

「女神が死んで（命をかけて）食物という糧（豊穣）を生む」との南方にルーツをもつ神話が「結早玉（結玉）」という名の熊野の神格になり、イザナミ・カグツチ神話と重なった。そんな私の考えと、どこか通じ合うものがある。

産田社だけではない。本宮と、「湯登り神事」が行われる湯峯《ゆのみね》温泉とを結ぶ道沿いに真《ま》名井《ない》社がある。真名井は、神話の高天原にある聖なる井戸「天《あめ》の真名井」に由来する。真名井社は本宮の末社で、正月七日に行われる牛玉宝印《ごおう》の押し初め神事には、この井戸の初水が用いられる。地元では「真名井さん」と呼ばれている。

ちなみに那智大社では正月二日にその年最初の牛玉神札を摺《す》るが、それには那智の滝本にある「秘所」と呼ばれる井戸から汲み上げた若水が用いられる。「秘所」は那智の真名井であろう。

有馬の産田社にも、対応する真名井がある。「まないたさま」と呼ばれているところだ。熊野市井戸町の住宅地から産田神社に通じる山道をたどると池川集落に着く。そこに車を置き、「まないたさま五〇〇メートル」の木札が指す方向に石畳の道を谷へと下る。谷川のわきに大岩が二つ横にくっつき、入り口に素朴な木の鳥居があった。そこが「まないたさま」だ。

大岩の間にある薄暗い空間をのぞくと、長方形の石がおさまっている。自然のものか、人が作って押し込んだものかわからないが、マナイタのようでもある。「天の真名井」が、マナイタに似た石の形から「まないたさま」に転じたのだろう。

「まないたさま」は子宝・安産の神という。子どもができなかったが「まないたさま」にお願いしたら授かった、という人の話を私自身も聞いた。

大岩の脇に立つ古びた説明板には、「婦人病に霊験があると、地方婦女子の信仰を集めている。古く水神が祀られていた。水神は五穀の豊穣をもたらし、多産を約束する神でもある。その神に子どもや安産を願い、婦人病の平癒《へいゆ》を祈願した。ここは祭祀に先立って水《み》垢離《ごり》をとり、行をする神聖な場所であった。恐らくは産田神社に関する古い遺跡であろう」といった趣旨のことが書かれている。

日本神話によれば、「天の真名井」はアマテラスと弟のスサノヲが誓約《うけい》（あらかじめこうなる、と宣言し、その通りになるかならないかで事の正邪を判定する占い）をした場所である。

スサノヲは「海原を治めよ」という父イザナキの言葉に従わず、「亡き母イザナミのいる根の堅州国《かたすくに》に行きたい」と泣きわめき、追い払われてしまう。姉にいとまごいをするため高天原を訪れたスサノヲだったが、「乗っ取りに来たのでは」と疑われ、邪心のないことを証明するため誓約をする。スサノヲは「誓約に勝った」として、乱暴狼藉をはたらく。怒ったアマテラスが岩屋に籠り、世界は暗黒になるというご存知の展開だ。

「真名井」の名称は『記・紀』神話の産物だが、「まないたさま」は『記・紀』神話が熊野に伝えられる以前からの祭祀の場所であったと私は思う。説明板の最後にある「産田神社に関する古い遺跡であろう」というくだりは納得できる。

有馬の台地（弥生時代の土器や石包丁《いしぼうちょう》などが出土した津ノ森遺跡周辺）で稲作を始めた古代人は、産田神社のあたりでイネの生育や豊作を祈るカミ祀りをした。季節の花を用い音曲も入った稲作祭祀が大和の朝廷に伝えられ、『日本書紀』が記すイザナミの鎮魂祭になったのだろう。

稲作には「水」が何より大事である。水源を求めてそこから山中に入った古代の人たちは不思議な空間を発見し、水の霊地とあがめた。

そこが日本神話に登場する「天の真名井」となり、後に「まないたさま」と呼ばれるようになった。そんな経緯があったのではなかろうか。

4　花の窟からイザナミ迎える

本宮大社と有馬の関係は、本宮自身が認めている。「主神、家津御子大神の要望で花の窟からイザナミを勧請した」というものだ。

そんな伝承があることを知ったとき、私はちょっと当惑した。

イザナミは皇祖神アマテラスの親神であり、『記・紀』に登場する神である。もし古い時代にイザナミが有馬から本宮に迎えられたとすれば、本宮と有馬の結び付きの歴史も古いことになる。「熊野独自の神格である結早玉（結玉）が有馬からまず熊野川河口へ、次に上流の中洲（本宮の旧社地・大斎原）の地へ、それぞれ今来（新来）の神としてやってきた」という私の筋立てにも影響しかねない。

ともかく、その伝承にあたり、背景を調べてみなければなるまい。

昭和六年（一九三一）に官幣《かんぺい》大社熊野坐神社（本宮大社）社務所が発行した「熊野坐神社由緒記」は次のように記す。

　社伝の大意に曰《いわ》く　当社御鎮座の始め、家津美御子《けつみみこ》大神神懸《かみがか》りして告給《のたま》はく、如《この》此《ごとく》吾前《わがまえ》を斎《いわ》ひ奉《たてまつ》らば吾母《わがはは》の御前をも能《よ》く祝ひ奉るべしと。是《これ》に於いて此の由《よし》朝廷に奏し、詔命《しょうめい》を蒙《こうむ》りて有馬村花窟に鎮座せし伊邪那美命《いざなみのみこと》を遷坐せ奉り、亦《また》種々《くさぐさ》の神器をも悉《ことごと》く迎へ取りて当社に鎮坐せ奉りきと。

本宮では家津御子（家津美御子）大神はスサノヲノミコトと同神だとしている。この「由緒記」によれば、主神から「私を祀るならば母イザナミをも祀れ」というお告げがあった。そこで朝廷に上奏したうえ、有馬の花の窟に祀られていたイザナミの神霊を各種の神宝と一緒に本宮にお迎えした、というのである。

その際、地元も動員されたのか『熊野中辺路《なかへち》伝説（上）』（くまの文庫、一九六三年）にはこんな話が載っている。

本宮町湯峰温泉の倉矢家の先祖は、花の窟の神様のお迎え役に選ばれた。先祖は七度も花の窟をたずねてお越しを願ったがお聞き入れにならない。八度目にようやくお迎えすることができた。以来、倉矢家は本宮の楽人として奉祀することになった。

「イザナミが有馬から遷座した」という伝承の出典は、本宮大社に伝わる『御鎮座年記』とみられる。文末に「御垂跡縁記（「熊野権現御垂跡縁起」）、本宮伝記、神伝秘記などの要点をひろってまとめた」と書かれているように、各種の史料を寄せ集め、本宮の創始の状況を描いた文書だ。『御鎮座年記』は、後に述べるいくつかの理由から、江戸期の作だと思う。

「本宮伝記」は、『熊野伝記』として今に伝わる文書の中の「本宮記」のことと推察される（以下『御鎮座年記』『熊野伝記』などは、神道大系編纂会編『神道大系　神社編四十三　熊野三山』、一九八九年を参照した）。

漢文で書かれている『御鎮座年記』は、「家都御子神（家津御子神）、夫須美神、速玉之男神は大斎原のイチイの木に三枚の月形として天降った。神々を感得した千代包《ちよかね》は木のもとの草を刈り、柴の社殿をつくって三神を祀った」と語る。「イチイのもとに芝の社殿をつくった」というくだりは中世文書『熊野山略記』の記述に似ている。『御鎮座年記』の筆者は『熊野山略記』も参考にしたようだ。

『御鎮座年記』の後半部分を今の言葉にすると、あらまし次のようになる。

（第十代）崇神天皇がある夜夢を見た。貴人が南方から来て「我は熊野川の河内の宮に坐す神、天皇を守り、天下の人心を征する神である。我をきちんと祀れ」とのたまい、去っていった。

天皇が翌朝、群臣に話したら、穂積氏（熊野三党といわれる家系の中の鈴木氏の祖）の遠祖、大水口足尼命《おおみなくちのすくねのみこと》が「私もまったく同じ夢をみました」と述べた。そこで天皇は熊野に派遣、神の居所を探させたところ、大湯原（大斎原）で千代包に会い、一部始終を聞いた。宮中に戻った大水口足尼命の奏上を受けた崇神天皇はたいそう喜び、そこに立派な社殿を建て、千代包に供奉《ぐぶ》させた。

その後、大神が神懸《かみがか》りして「このように自分を斎《いわ》いまつるならば、我の母もよく祝いまつるべし」といわれた。これはすぐ天皇に伝えられた。

こういうわけで、神部《かんべ》たちが天之羽車《あめのはぐるま》をもって熊野の有馬村の花の窟に坐す伊邪那《いざな》美命《みのみこと》を大斎原にお迎えしたのである。このとき（有馬にあった）種々の神器もすべて運ばれ、相殿《あいどの》におさめられた。神々には天少女《あめのさおとめ》、織女《おりめ》、舞人、俳優《わざおぎ》らが仕え、赤い幡《はた》の飾りや立派な鞍をつけた神馬《しんめ》も奉仕した。

大神の言葉について『御鎮座年記』の原文は、「如レ此吾前乎斎比麻都良婆、吾母乃御前乎母能久祝比麻都留弁志止」である。読み下すと「このごとく吾が前を斎《いわ》いまつらば、わが母の御前をもよく祝いまつるべしと」となり、「熊野坐神社由緒記」とほぼ同じである。社伝は『御鎮座年記』に基づいていることがわかる。

『御鎮座年記』は「本宮伝記」を材料にしたという。「本宮伝記」は『熊野伝記』の中の「本宮記」ではないかと私が思う理由は、『御鎮座年記』と「本宮記」の記述がとても似ていることだ。

「本宮記第一」と名付けられた文書の内容を要約すると次のようになる。

① 崇神天皇が夢を見た。夢中の神は「天皇を守り、万民を育てる神である」と名乗り、南方に飛び去る。
② 目覚めた天皇が群臣に語ると、皆が「同じ夢を見ました」と語った。
③ そこで穂積氏の遠祖、千代狭田命《ちよさだ》（またの名は大水口宿禰《おおみなくちのすくね》）を熊野に派遣した。
④ 大斎原で宮守をしていた千代包から一部始終を聞いた千代狭田命は、帰って天皇に報告した。
⑤ 崇神天皇の命で大斎原に宮殿が建てられた。それが本宮の創始である。
⑥ その後有馬村にあった神器をすべて宮殿に運び、神主や神部を定めて奉仕させた。

「本宮記第一」の末尾には、江戸時代の享保五年（一七二〇）に書写したという奥書がついている。ところが、奥書のすぐ後に続く「或書《あるふみ》　本宮記　抜書《ばっしょ》」には、興国二年（一三四二）に「本宮社家秋津城主　検非違使《けびいし》兼出羽守能俊《でわのかみよしとし》」なる人物が書写した、と記されているのだ。

それはだれか。そして『熊野伝記』は「興国二年」とある奥書のように、中世にまでさかのぼれる史料なのだろうか。

5　今の地名たどった行列

昭和六年発行の「熊野坐神社（本宮大社）由緒記」には、「有馬村の花の窟に鎮座されていたイザナミノミコトを神器とともに当社にお迎えした」とある。その「種本」のひとつは『熊野伝記』の「本宮記」という文書のようだ。

『熊野伝記』にはいくつかの写本が残っているが、「本宮記第一」の後に付いている「或書　本宮記　抜書」が興味深い。神器がどんな経路をたどって本宮に運ばれたか具体的に書かれ、また文書を筆写した人物や年代も記されているからである。

漢文体で書かれているので、その要点を今の言葉に直してみよう。前半は第五代孝照

（孝昭）天皇の治世に犬飼（狩人）が猪を追って旧社地の大斎原にたどり着き、そこで熊野権現を感得したという「熊野権現御垂跡縁起」などからの引用だから、後半を紹介する。現在の地名との照合も付け加えてみた。前に紹介した『御鎮座年記』とよく似た部分があるが、『御鎮座年記』はいろいろな文書を参考にまとめたのだから当然だろう。

（第十代）崇神天皇がある夜、霊神の夢を見た。霊神は「我は木の国（紀伊国）熊野山の神、万民、万物を守る神である」と告げて消えた。目覚めた天皇は群臣を集めて夢の話をした。そして穂積氏（後の鈴木氏）の祖、千代狭田命を木の国に遣《つか》わして霊神のありかを探させた。その祠《ほこら》は確かにあった。熊野の神を感得し、そこに祠を建てた犬飼が宮守をしており、千代狭田にいきさつを話した。

都に戻った千代狭田が上奏すると、天皇はただちに忌部《いんべ》氏を遣わして、祠の場所に社殿を建てさせた。

一方、千代狭田は天皇の命によって、五人の神部、三人の天女、二人の織女らとともに天降り、有馬村にあった神器や財物を天《あめ》の羽車《はぐるま》に乗せて大斎原に遷《うつ》した。途中、老女が行列に櫛《くし》を奉って「またお帰りください」と述べた。その場所を櫛屋（久生屋《くしや》）と名付けた。また坂木（榊）を奉じて祝う者がいたところを神木《こうのき》と呼んだ。天の羽車は坂道を越えたところで、羽車を居《お》ろし休んだ。その場所を尾呂志《おろし》村、あるいは宝殿（風伝）という。そのあたりで鹿を射た村（入鹿村《いるか》）に一泊した。

さらに進むと、弓を手に鹿を追ってきた小さな老人が現れ、天の羽車の前にはいつくばってこういった。「名を万歳と申します。この先の大河の辺りに柳の大木があり、病の治癒など霊験あらたかです。ご案内いたしましょう」。こうして一行は熊野川の川辺に到着した。そこから丸手船にお乗せして（大斎原に）向かった。

右は秘中であり他人に見せてはならない。

本宮社家秋津城主
検非違使兼出羽守能俊判

興国二年九月日写之

この「或書　本宮記　抜書」はイザナミの遷座には直接触れていない。しかし『日本書紀』がイザナミを葬ったと記す有馬村から大行列で神宝を運んだというのだから、イザナミの神霊も一緒に遷座したと考えても不自然ではあるまい。

「興国」は南朝の年号で、その二年は一三四一年にあたる。その年号が本当なら永享二年（一四三〇）の書写を示す奥書がついた『熊野山略記』より百年近くも古い。

もしこの文書が中世までさかのぼることができる史料ならば、有馬と本宮のつながりの伝承はかなり古いことになる。

もうひとつ興味を引くのは、一行が通った道が有馬から本宮へ至る熊野古道の「本宮道」とほぼ一致することだ。文中には久生屋、神木、尾呂志、風伝峠、入鹿、柳の大木の伝説が残る楊枝《ようじ》薬師、万歳《ばんぜ》峠など現在の地名と重なる場所名が出てくる。もし今の地名の由来譚《ゆらいたん》と一致すれば、それも文書の古さを示す材料になる。

「秋津城主　検非違使兼出羽守能俊」という人物はだれだろうか。「能俊」は南朝方の人物、愛須能俊《あいすよしとし》のことと思われる。愛須氏の居城である衣笠《きぬがさ》城は秋津城とも呼ばれた。

検非違使は警察官と裁判官を兼務したような役職のことである。出羽守を兼務しているが、南朝は味方してくれる武士や豪族に肩書を大盤振る舞いしたのだろう。

『紀伊続風土記』は牟婁《むろ》郡大内川村の項で、「愛洲（須）憲俊の子を三郎左衛門尉能俊といふ。検非違使左衛門少尉出羽守を兼任す」と伝え、『上南部《かみみなべ》誌』（一九六三年発行）

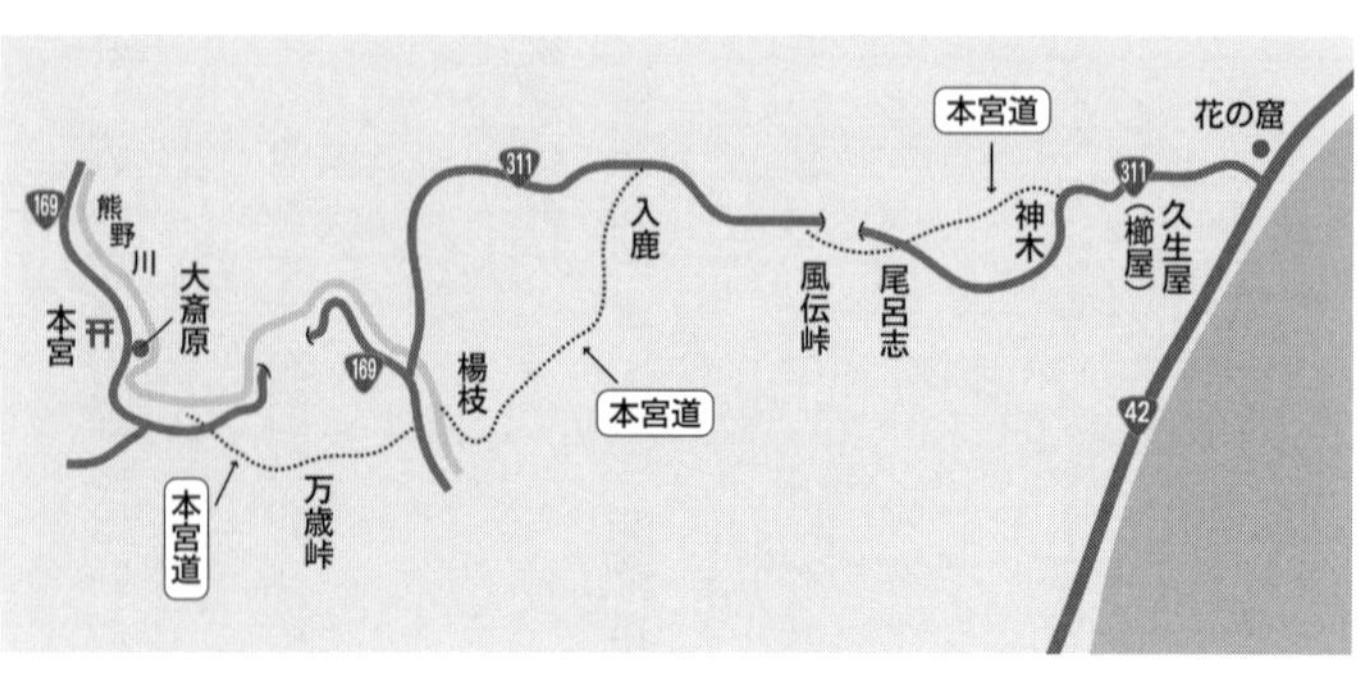

は、能俊が暦応三年（興国元年＝一三四〇年）に「父憲俊の後をつぎ、出羽守に叙せられ、熊野河内の軍事を掌《つかさど》る」と記しているから、愛須能俊は十四世紀中ごろの実在人物といえる。

だからといって、『熊野伝記』の「本宮記」や「能俊」の奥書がある「或書　本宮記」が信頼できる史料かといえば、それは別問題である。

生田神社（神戸市中央区）宮司の加藤隆久氏は熊野信仰の歴史と文書を語った論文の中で、「製作年代ははっきりしないが、ずっと後世のものに『本宮伝記』がある。この伝記は諾冊《なきなみ》二神を重んじて仏教的要素を嫌い、より神道的な説をもって説くものである。（中略）（この書は）諾冊の鎮座地を神聖視して有馬村の説が強められている。おそらく、この説は後世神道の自覚が強まって、古来記紀にあらわれた固有の熊野の神伊弉冊尊《いざなみのみこと》の信仰を第一に置き、世間一般にもこうした伊弉冊尊の信仰が念頭にあったと思われる」と述べている（『熊野三山信仰事典』の中の論文「熊野信仰の発展と熊野三山」戎光祥出版）。

「本宮記」の頭に「或書」と付け加えたのも、その奥書に「秘密文書だから他人に見せるな」という一節があるのも、なにやら怪しげだ。

私は、「本宮記第二」を含めた一連の文書は、本宮社家の関係者が江戸期につくった文書ではないかという気がする。文書が古く権威のあるものだと思わせるために、愛須能俊の名前を借用したのではなかろうか。

6　我がものにしたい神

『熊野伝記』として残された史料のうち、少なくとも「検非違使兼出羽守能俊（愛須能俊）」の奥書のある文書「或書　本宮記　抜書」はその真偽があやしい。そこで出てくる有馬と本宮を結ぶ古道（本宮道）沿いの地名の由来譚《ゆらいたん》も、神宝運びの際のエピソードをこじつけた気配が濃厚なのだ。

たとえば老女が櫛を奉じたから「櫛屋」、坂木（榊）を奉じる者がいたので「神木《こうのき》」、坂を越えて神宝を下ろしたので「尾呂志《おろし》」「宝殿」と名付けたなどとする。「櫛屋」は三重県熊野市久生屋《くしや》、神木は同県南牟婁郡御浜町神木、「宝殿」は御浜町と熊野市紀和町を分ける風伝峠のことであろう。

他にも地名にからんで「鹿を射た村に一泊した」「大河の辺りに柳の大木がある」などという話が出てくる。「射る鹿」は熊野市紀和町の入鹿に、「柳の大木」は楊枝薬師のある熊野川沿いの楊枝に対応する。話の中に自ら「万歳」と名乗った老人が登場する。楊枝から熊野川を渡ったのち、本宮大社に向かう古道にある峠が万歳峠《ばんぜ》である。

それぞれ現在の地名の由来を調べ、『紀伊続風土記』を今の言葉にしてみた。

久生屋　村名は古くは倶生屋、串屋などと書いた。産土神《うぶすな》の「くしの神」によるのだろう（『紀伊続風土記』）。

越すの古語クシに起因し、越谷または越や村の助辞、やの名詞化したもの。有馬方面から金山・本宮方面へ越す道中にある村なので起こった地名であろう。老女が櫛をたてまつったから櫛屋というとする『本宮記』は地名に付会したもので信じがたい（平八州史著『ふるさとのよもやまばなし』熊野市教育委員会、一九七五年）。

神木　ここら一般に三山、特に新宮飛鳥神社の神領地であったので神木といったので、神ノ山と同義だと思う（『御浜町史』）。

尾呂志　風がはげしく吹き下ろすために颪《おろし》の名がついた（『紀伊続風土記』）。夏から秋にかけて、風伝峠から滝のように朝霧が流れてくるからこの地名になった（『角川日本地名大辞典　三重県』）。

風伝峠　風伝は風顛《ふうてん》の当て字で、清風のよく吹く峠とする（『角川日本地名大辞典』）。

入鹿　入鹿の地名は鎌倉時代から史上に見える。入鹿頼兼が拓いたとされているが、その系統については諸説ある（『紀和町史』）。

万歳峠　「番西峠《ばんぜ》」とも書いた。『紀伊続風土記』には「志古《しこ》から西の方山中に入っ

尾呂志から風伝峠への本宮道

た登り道を番西道という。それから番西峠を越えて……」とあるから、方角と関係がありそうだ。峠の下には一遍上人の名号碑《みょうごう》がある。

これらをみる限り、本宮道沿いの地名の由来は「或書　本宮記」とは関係なさそうだ。もしイザナミや神宝の遷座伝承が古いものならば、地名の由来譚として語り継がれたはずである。

ついでながら熊野川沿いの楊枝薬師に伝わる伝説を紹介しておこう。

頭痛に悩まされた後白河上皇が夢の中で薬師如来のお告げを受ける。「熊野川のほとりに柳の大樹がある、それを伐って都に伽藍《がらん》を建て、我が像を彫って祀れば平癒する」。上皇は伐った柳で三十三間堂を建立した。

この伝説はさまざまに脚色された。そのひとつは次のようだ。

柳は「お柳《りゅう》」という名の女性として登場する。お柳は人間に化身して平太郎と子の緑丸と暮らしていた。以前、お柳の枝に引っかかった鷹をとるため鷹狩りが木を伐ろうとしたとき、平太郎が枝に絡んだ鷹の足緒を弓で切り絶ち、救ってくれた恩返しだった。

上皇の命令で伐り倒されることを知ったお柳は、平太郎に別れを告げる。翌日、倒され運ばれる大木が母とわかった緑丸は、すがって泣きじゃくった（『日本の伝説39　紀州の伝説』角川書店、一九七九年）。

では『熊野伝記』の「或書　本宮記」はいつごろ、どんな理由でつくられたものだろうか。それを確実に示す史料や材料はないが、私は江戸時代の中ごろ、仏教や修験道に対して神道・社家側が巻き返しを図るために作成した文書ではないかと考えている。

そう考える材料はいくつかある。

和歌山県立博物館学芸員の大河内智之氏によれば、本宮では江戸時代の半ばに、社域にある仏教的な要素を排除する動きがみられた。『熊野年代記』で事件を拾うと、元文五年（一七四〇）に釈迦三尊の御正体《みしょうたい》（懸仏《かけぼとけ》）を売り払い、寛延三年（一七五〇）には釣鐘《つりがね》まで処分した。僧や修験者らから抗議があったものの釣鐘は戻らず、和歌山市内の寺に現存しているという。これらの事件は、紀州藩の神道擁護を追い風にした神道・社家による反撃だった。

「本宮の主神（＝スサノヲ）が母イザナミも祀れといわれたので、イザナミを神宝とともに有馬の花の窟からお迎えした」といったストーリーは、イザナミ・スサノヲという日本神話の強力なキャラクターを動員して相手に優越しようという意図で、本宮関係の知恵者がつくった物語ではなかろうか。

しかしそうだとしても、何もないところから創作することはできまい。「熊野三山の神の出身地は有馬ではないか」という意識が底流にあったからこそ、神社の縁起に加えることができたのだと思う。

本宮大社や那智大社に伝わる「有馬窟《ありまのいわや》」と「花の窟」の歌の起源はさほど古いものとは思えないが、それらも有馬と熊野三山の神の深い結び付きがなければ、今日まで歌い継がれることはなかったであろう。

本宮は平安時代から本地仏・阿弥陀如来の浄土とされ、修験道の聖地でもあった。紀州藩の手で江戸時代、天保期に完成した地誌『紀伊続風土記』には、「仏優位」だった状況を嘆く一節がある。『続風土記』編纂のため三山を回った学者たちに三山側が提出した調書である「熊野神社三山考定」にもよく似た形で出てくるから、本宮の神職たちの見解だろう。『続風土記』の関係部分を少々意訳すると、以下のようだ。

本宮は中世、ことに仏事に傾き、三昧《さんまい》僧らが読経や護摩などの仏事を『神事』であるというありさまだった。文明年間（一四六九―一四八七）や永禄年間（一五五八―一五七〇）の大火で古文書、神宝などがすべて焼け、古い祭事や作法がわからなくなった。それをいいことに、僧や神官が髪を長くしたり、妻帯肉食したり大いに乱れた。明和年間（一七六四―一七七二）に再び火災で社殿、堂宇が焼け落ちた。神仏の混同を嘆いていた者たちは、この火災を機に新宮や那智などと一線を画すとともに、中世以来の風習を改革し、社殿造営や神事を古来のやり方に戻した。これで両部神道色は一掃されたが、中世以来の事の有り様については、考えるべきよりどころも、尋ねるべき所もなかった。

「花の窟からイザナミの神霊を本宮にお招きした」「有馬村から神宝を運んだ」とする『御鎮座年記』や『熊野伝記』の作者には、皇祖神アマテラスの母神の名を持ち出して本宮の「権威」を高めるとともに、神道・神祇に基づいて本宮を「改革」しようとの意図があったように思われる。

一方、同時代の新宮（速玉大社）の関係者は「イザナミ遷座伝承」を苦々しく眺めていたようだ。

享保六年（一七二一）に完成した『熊野草創由来雑集抄』という文書がある。『熊野速玉大社古文書古記録』によれば、熊野三山の創祀由緒について、高之という人物がいろいろな文書に私案を加えてまとめたものだ。その中に「遷座伝承」についての彼のコメントがある。今の言葉に直すとおおよそこうである。

俗説に有馬村の神を（本宮に）遷したという。本宮はその説を唱えるが、そんなことは当社の言い伝えはもちろん、（物部氏に伝わる）先代旧事本紀《せんだいくじほんぎ》、日本書紀の神代紀、神武記などの極意にもかなわない、大いなる間違いである。もっとも本宮はそうでも主張しないと、よりどころがないのかもしれないが。

この厳しい批判や対抗心から察するに、『熊野伝記』や『御鎮座年記』の作成は、『熊野草創由来雑集抄』が完成した享保六年からさほど離れていないのではなかろうか。

互いに対抗心があった本宮と新宮がイザナミを強く意識した。それは、双方がこの女神・地母神を「我がものにしたい」と思っていたあらわれとも言えまいか。もともと「女神信仰」があり、イザナミと同体とされた夫須美《ふすみ》神を主神に仰いだ那智山は、とうぜん「わが神」としてきた。

×　×　×

これまでお読みいただいたように、「イザナミの墓所」とされてきた熊野市の花の窟はもちろん、本宮・新宮・那智の熊野三山のどこもイザナミを尊び、崇《あが》めてきた。その基層には、古《いにしえ》に黒潮によって南方から運ばれてきた物語のかすかな記憶が漂っているように思える。

昔も今も、熊野は「イザナミの王国」なのである。

7　エピローグ──私からの応援歌

熊野灘に面して暮らす人びとは「海の彼方から善きもの、貴きものがやってくる」と信じてきた。それは沖を流れる黒潮が南から運んでくる恩恵であった。

まず現世利益である。寄り鯨（鯨の漂着）は浦びとを喜ばせた。時化《しけ》の後に打ち上げられた流木は建材、船材そして薪として利用した。それらしい形の木は、常世《とこよ》や補陀落《ふだらく》からの寄木《よりき》神、来訪仏として丁重に祀られた。

海流はときに貴人や「まれびと」も連れてきた。秦の時代にたどり着いたといわれる徐福はそのひとりである。熊野の海岸には「神武天皇はここに上陸された」という伝承地がいくつもある。ナガスネビコとの最初の戦いに敗れた神武が紀伊半島を大回りして熊野から上陸した、という言い伝えも「貴きものは海から」との観念と無関係ではあるまい。

太古、黒潮に乗ってやってきた人たちは、自分たちの神話や伝承も一緒に運んできたことだろう。本書のストーリーの「核」をなしている「女神が死んで、そこから作物がもたらされた」という神話もそのひとつだった。インドネシア・セラム島にハイヌウェレ型神話が伝わっていることを知ったとき、私は心の中で「これだ」と叫んだ。

二〇一〇年十一月に熊野市から講演を頼まれた。転居した直後だったため、演題を「私はなぜ熊野に来たのか」としてもらい、いくつかの想いを述べながらも「これから熊野に住んで、引っ越してきた理由をじっくり考えます」と締めくくった。それが当時の正直な気持ちだった。死と再生が織りなす歴史、海の蒼さ、森の深さ、空気のやわらかさ、それらが与えてくれる「癒し」。南紀の魅力はいろいろ語られるが、どれも私にとっての決定打とは言えなかった。

一年ほどして私は突然、自分が熊野に惹《ひ》かれた理由を悟った。それは黒潮である。南から北に向かうこの雄大な流れが私をこの地に誘ったのだ、と。

稲作、金属技術、言語、建築、神話や伝承、そしてそれらを伝えた人びと。この国は黒潮に乗ってやってきた南方系と、ユーラシア大陸から中国、朝鮮半島を経由して渡来した北方系のふたつの文化・文明に育《はぐく》まれた。熊野は前者を代表するところだ。私を熊野に導いたのは、それなりに年を重ねた自身の内奥から発する「アイデンティティーやルーツ（自分は何者であり、どこから来たのか）」の問いかけだったのである。

私の家から車で十数分の熊野市有馬は花の窟《いわや》や産田《うぶた》神社で知られている、日本で最も古い地名のひとつだ。そこは早くから稲作が根付いた土地であり、イザナミ伝承に彩られた場所である。そして、熊野を代表する神社である本宮大社・速玉大社・那智大社（熊野三山）は、昔から有馬を意識してきたようなのである。

「黒潮」と「有馬」と「熊野三山」を結び付ける古代史物語を書いてみたい。そう思っていた私にハイヌウェレ型神話は啓示を与え、触媒の役割を果たした。「南の島から流れ着いた穀物創成神話が稲作祭祀と結び付いて熊野三山の神となった」という仮説は、話の舞台を一気に広げてくれた。

戦後、江上波夫氏が提唱した騎馬民族征服王朝論は古代史学界に衝撃を与えた。四、五世紀ごろユーラシアから渡来した騎馬民族が畿内に王朝を樹立したという説をめぐって、その後、否定的な見解が相次いだ。しかし今なお江上説が語られるということは、人びとがそのスケールやロマンの大きさに魅せられるからであろう。

大学者の足元にも及ばないものの、どうせ仮説を立てるなら広い視野に立ちたい。私にはそんな思いもあった。

とはいえ私の物語には、できうれば埋めたい「空白」もある。

ハイヌウェレ型神話のエッセンスは「地母神である女神が自らの命と引き換えに人びとに主食をもたらす」というものだ。それは稲の成長への祈りに変容し、十世紀末に成立した仏教説話集『三宝絵詞《さんぼうえことば》』に「結早玉《むすびはやたま》」という熊野独自の神格として登場する。私はそんなふうに考えた。

「結早玉」が今来《いまき》（新来）の神として、もともと祀られていた神（本《もと》つ神）を押しのける勢いで有馬から熊野川河口の地へ、さらにその上流の中洲へと遷座していった、という私が描いた三山の創始の物語は、それなりに説得力があるのではないかと思っている。

問題は、ハイヌウェレ型神話が熊野にたどり着き、「結早玉」に成長するまでの「空白」である。いったいいつごろ、どんな人たちによって運ばれ、定着したのか、それを推量する材料はほとんどない。日本神話のオオゲツヒメやウケモチの話がハイヌウェレ型神話を想起させること、『古事記』の国生み神話で阿波国（粟国）が「大宜都比売《おほげつひめ》」と呼ばれていることなどを指摘したものの、それらは「いつ」に答える材料にはならない。

私は本文で、「ハイヌウェレ型神話が黒潮に乗ってやってきた時期はよくわからない。縄文末期かもしれないし、弥生時代に入ってからかもしれない」としか言えなかった。

私の連載を読んでくれた吉田敦彦氏は、この神話が列島に伝わり広まった時期は縄文中期にまでさかのぼるのではないか、という考えを私に示された。その理由として同氏は、女性それも妊娠している母体を表す例が多い土偶が、ばらばらに壊されて村の周りに埋められていることを挙げる。ハイヌウェレの死体は切り刻まれて広場のあちこちに埋められ、そこから各種のイモが生じた。壊され（殺され）あちこちにまかれた土偶は、ハイヌウェレ型神話、つまり古い栽培時代の民の祈りを反映しているとみるわけだ。

熊野灘沿岸の地域に「女神が死んで、そこから作物がもたらされた」といった伝承、民話のたぐいが残っていないか調べたが、これまでのところ見つけられないでいる。

ただ、太平洋側の静岡県や千葉県をはじめ日本各地に「嫁殺し田」「おきく田」「オナリ様」といった伝承があるのがちょっと気になる。柳田國男は「農に関する土俗」というエッセーの中で、あらましこう語っている。

日本では田植に伴ふ儀式及び言ひ伝へに古いものが多い。其中《その》でも不思議なのは、もっとも清かるべき田植の日に、女が死んだと言ふ言伝への各地にあることであります。其最も普通の形式は斯《こ》うです。昔或《ある》長者があまり早乙女《さおとめ》をひどく使ひ、大きな田を強いて一日に植ゑさせようとした為に、其女は疲れて死んだ云々。或《あるい》は姑《しゅうとめ》が嫁を憎んで酷使したと云うのも多い。（中略）オナリ女が田植の日に死んだと語り伝へて居るのは、田の神の巫女《みこ》として、神に代って農夫等の尊敬を受けたと云ふことを、誤り伝へたものでありませうか。或は又古い時代にオナリ女の死ぬことが、儀式の完成のために必要であったことを意味するのでは無いか、是は非常に大きな問題であります。仮に多くの民族の原始期に於いて行った農神の犠牲と云ふ風習が、此の如き夢物語によって幽《かすか》に記憶せられたものとすれば、日本の米作は、夙《つと》に此民族と併存して居たのであることがわかります（『柳田國男集』第25巻、筑摩書房、一九七〇年）。

「オナリ女」は田植えで働く人たちに昼食を運ぶ女性のことだ。「嫁殺し田」「オナリ女の死」の話にはいろいろな種類がある。またその解釈も「農村の嫁の過酷な労働」から「田の神への人身御供説」まで、さまざまあるようだ。そのなかで、ハイヌウェレ型神話との連関を示唆した大林太良氏の次のような指摘に注目したい。

なぜ田植のとき女が非業《ひごう》の死を遂《と》げるのであろうか？　このような伝説は、農耕起源神話としての性格をもっていない。しかし、これらの伝説には、まだハイヌヴェレやオホゲツヒメの神話に見られるような女性の非業の死によって初めて豊穣が保証されるという観念が、ひどく変形しているとは言え痕跡《こんせき》をのこしているのである（『神話の話』講談社学術文庫）。

南の島のハイヌウェレ型神話と熊野の神格「結早玉」を時間的、空間的につなげる作業は、これからの宿題である。

本書は、「熊野新聞」（本社・和歌山県新宮市）に二〇一二年一月から同年十月まで毎週一回、計四十回続けた「イザナミの王国　熊野」と題する連載をまとめ、一部加筆したものだ。新聞連載中は竹原卓也編集整理室長に面倒をかけた。

私は現役時代、経済記者だった。二〇〇四年末の定年後は生まれ育った東京を離れ、全く違う分野の「古代史」に挑戦したい、と奈良県明日香村で暮らし、さらに三重県熊野市に移った。幸い妻がついてきてくれた。この間、新聞や雑誌への連載を本にしてきた。本書は熊野に居を移してからの二冊目の出版である。

かなり長いであろう第二の人生をどう過ごすか。それは高齢化時代、だれもが抱える課題だ。過密の大都会を脱し、過疎という対極の悩みを抱える地元のためにいささかなりともお役にたちたい。自分も楽しみながら、地方から発信したい。現役時代はできなかった幅広い職業の経験者と友人になりたい。そんな願いをかなえてくれる今の生活に充実感を覚えている。

好奇心と多少の勉学心、そして現場に出向くフットワークさえあれば、だれでも新分野に挑戦できる。この本が、私に続く団塊の世代、さらにその後の世代への「応援歌」になれば、と思う。

写真は朝日新聞写真部ＯＢの塚原紘さんにお願いした。彼と一緒に仕事をし、出版するのはこれで三度目。毎回私が頼み込んだ。住まいの奈良市から遠く熊野までジープを走らせ、しかも抽象的な神様の物語や古文書の紹介が続くような話に写真を添えるのは、しんどいことだったろうとお察しする。ありがとうございました。

出版は『ヤマト王権幻視行』に続いて、方丈堂出版にお願いした。熊野の歴史や修験道に詳しい上別府茂氏が本の編集を担当してくれたのは心強かった。
新聞連載の取材にあたって、「ここにこんな史料がある」と教えてもらったり、時代背景、社寺の祭礼や美術品についての解説を聞いたり、多量のコピーをお願いしたり、次の方々にお世話になった。お礼を申し上げたい。（敬称略）
大河内智之　川崎剛志　桑原康宏　阪本敏行　佐藤寿晃
嶋津宣史　杉本裕一　三石学　山崎泰　山本殖生
新宮市立図書館、熊野市立図書館のスタッフの皆さん

平成二十五年五月十日

桐村英一郎

【著　者】

桐村英一郎（きりむら　えいいちろう）

昭和19年（1944）生まれ。慶應義塾大学経済学部卒業。同43年、朝日新聞社入社。ロンドン駐在、名古屋本社経済部次長、大阪本社経済部長、東京本社経済部長、論説副主幹を歴任。

平成16年（2004）末、定年を機に奈良県明日香村に移住。神戸大学客員教授として国際情勢、時事英語などを教えながら、古代史を学ぶ。

同22年秋から、三重県熊野市波田須町に住んでいる。

現在、三重県立熊野古道センター理事、国際熊野学会委員。

主著は『もうひとつの明日香』（青蛾書房、2007年）、『大和の鎮魂歌』（同、2007年）、『ヤマト王権幻視行』（方丈堂出版、2010年）、『熊野鬼伝説』（三弥井書店、2012年）、共著に『昭和経済六〇年』（朝日新聞社、1987年）など。

【写　真】
塚原　紘（つかはら　ひろし）
昭和14年（1939）生まれ。日本大学芸術学部卒業。同37年、朝日新聞社入社。名古屋、大阪、西部本社の各写真部員、東京本社写真部次長を歴任。日本写真家協会会員。
写真集は『大和点描』（かもがわ出版、2004年）、著書は『入江泰吉作品と今・うつろいの大和』〈共著〉（同、1994年）、『大和の鎮魂歌』〈写真〉（青蛾書房、2007年）、『ヤマト王権幻視行』〈写真〉（方丈堂出版、2010年）など。

イザナミの王国 熊野
――有馬から熊野三山へ

二〇一三年七月一〇日　初版第一刷発行

著　者　桐村英一郎
写　真　塚原　紘
発行者　光本　稔
発行所　株式会社　方丈堂出版
京都市伏見区日野不動講町三八―二五
郵便番号　六〇一―一四二二
電話　〇七五―五七二―七五〇八
発売所　株式会社　オクターブ
京都市左京区一乗寺松原町三一―二
郵便番号　六〇六―八一五六
電話　〇七五―七〇八―七一六八
印刷・製本　亜細亜印刷株式会社

Printed in Japan
ISBN978-4-89231-114-7 C0039
乱丁・落丁の場合はお取り替え致します